MW01043515

REFORMA ÌNTIMA

À

LUZ DO EVANGELHO

JESUS

S.E.R.
Spiritist Enlightenment and Renewal
2016-2018

Walkiria Ank - Compiladora
Alberto Almeida - Prefácio

1ª edição
ISBN-10: 1947179640

5425 Old Floyd Rd SW
Mableton, GA 30126 USA
seratlantaspiritist@gmail.com
+1 (678) 718-7911
Capa: Renato Costa Barbosa / Rones Lima
Revisão Allan Gouvêa
Diagramação: Maria Palmira Minholi Dias
CDD 133.9
ISBN-13: 978-1947179646 (Spiritist Enlightenment and Renewal)

Márcia, Gregory
e
Lydia

Com carinho e que sigamos
com Jesus a jornada terrena

Deuk

DEDICATÓRIA

Dedico este trabalho à Spiritist Enlightenment and Renewal (S.E.R.), e ao meu amor Jeferson e filhos, Raíra e Leonardo.

PREFÁCIO

"Um curso regular de Espiritismo seria professado com o fim de desenvolver os princípios da Ciência e de difundir o gosto pelos estudos sérios. Este curso teria a vantagem de fundar a unidade de princípios, de fazer adeptos esclarecidos, capazes de espalhar as ideias espíritas e de desenvolver grande número de médiuns (...). Considero esse curso como de natureza a exercer capital influência sobre o futuro do Espiritismo e sobre suas consequências." (Projeto 1868. in: Obras Póstumas)

O Espiritismo, tal como assinalou Allan Kardec, é uma ciência que estuda o espírito na sua natureza, na sua origem e na sua destinação, bem como sua relação com o mundo corporal. Portanto, se debruça não apenas sobre o Homem, mas sobre sua imanência e transcendência, e por isso mesmo está apto a fazer interlocução com todas as disciplinas que estão disponíveis estudando o fenômeno humano.

Assim sendo, a Doutrina Espirita assegura uma antropologia específica que sintetiza sinergicamente ciência, filosofia e religião, sem qualquer pretensão de exclusão de algum destes setores do conhecimento da Humanidade, antes pelo contrário, se revelando capaz de dialogar com todos estes campos do conhecimento com riqueza de permuta.

Notável perceber que esta construção do saber nasceu de uma metodologia inteiramente inédita, pois que até os nossos dias ninguém fez ciência como foi estabelecido por Allan Kardec, ou seja, uma junção de pesquisa humana empreendida por ele próprio, ao lado da Revelação Divina feita pelos espíritos. Esta forma de estruturar o conhecimento, se deve exclusivamente ao Espiritismo, capitaneado pelo Codificador no mundo corpóreo e pelo Espirito de Verdade no mundo espiritual.

Além disso, o que enseja ao Espiritismo força e singularidade incomparável é a forma como reapresenta Jesus realçando o aspecto moral, nos implicando numa relação de intimidade com Ele, oportunizando trazer o Mestre Divino ao nosso comportamento, configurando a transformação interior como a grife que nos caracteriza como autênticos cristãos.

* *

Neste viés, é que surge o presente trabalho pedagógico buscando facilitar esta caminhada guiada por Jesus em direção ao nosso cristo interno adormecido, em noite intérmina.

Visando minimizar as dificuldades desta jornada repetidas vezes adiada, é que os servidores aplicados do *Spiritist Enlightenment and Renewal* (S.E.R.) compartilham conosco esforços, aliando a nossa veneranda Doutrina Espirita aos diversos campos do saber humano, a maneira picadeiros abrindo espaços para quantos seguem empós.

Aproveitemos semelhantes dádivas, aplicando-as em nossas vidas, a fim de que em nos transformando, sejamos os espíritas-cristãos distribuindo o bem aonde formos, numa Terra convulsionada pelo sofrimento, em face da ausência de Deus, ora negligenciado, ora adulterado, nesses tempos de transição planetária.

Belém, 10 de julho de 2017
Alberto Ribeiro de Almeida

AGRADECIMENTOS

Gostaria de expressar minha profunda gratidão aos padrinhos desta obra Andreia Marshall-Netto e Marcelo Netto, todo o meu a amor e admiração.

Agradeço ao apoio dos diretores do S.E.R., Gerval Silva, Jon Santos, Lincoln Mello e Petrônio Silva, sem deixar de mencionar os alunos do Doutrinário 1 de 2017 que foram alimentando esta obra com sugestões e carinho.

Esta gota no oceano só foi possível pela intervenção misericordiosa de Deus Pai, de Jesus o Raboni e meu Espírito protetor Francesco.

À minha amiga-irmã Maria Palmira Minholi Dias que doou tempo, paciência e amor para a finalização deste projeto.

SUMÁRIO

INTRODUÇÃO

Propomos aqui renovar as aulas de Reforma Íntima, enquanto parte integrante do conteúdo programático dos Doutrinários Básicos. Em conformidade com a Doutrina Espírita, toda e qualquer transformação e/ou normas de conduta devem ser pautadas sobre os princípios cristãos e a moral evangélica. Nesse sentido, o objetivo primeiro deste trabalho consiste em fundamentar a temática da Reforma Íntima à luz das obras da Codificação de Kardec, notadamente O Evangelho Segundo o Espiritismo e O Livro dos Espíritos. Sob esse aspecto, cabe aqui considerar que o presente trabalho não é fruto de uma criação pessoal, mas apenas uma abordagem didática do referido conteúdo, visando facilitar e unificar os rumos de sua exposição. Efetivamente, esse texto prima por citações contidas nas referidas obras, com a finalidade de manter os conceitos doutrinários.

Jesus já vivenciava uma pedagogia voltada para a situação e o momento histórico, ao tirar do próprio contexto da época as parábolas portadoras de mensagens evangélicas. Por outro lado, a própria proposta da pedagogia atual consiste em vincular o conhecimento à realidade existencial dos alunos, ou seja, as questões são voltadas para a resolução de problemas colocados pela prática social. Nesse sentido, sugere-se aqui como ponto de partida, para as exposições, a chamada "pedagogia em situação", como forma de vincular o conhecimento aos problemas concretos do meio, da sociedade e do momento contemporâneo aos alunos. Segundo o comentário de Kardec à pergunta 917 de O Livro dos Espíritos, uma vez conhecidas as causas (do egoísmo), o remédio se apresentaria por si mesmo (...). A cura poderá ser prolongada porque as causas são numerosas, mas não se chegará a esse ponto se não se combater o mal pela raiz, ou seja, com a educação. É assim que o segundo passo aqui sugerido consiste em esclarecer as eventuais causas de nossos males, para uma educação dinamizada pela própria consciência. No referido texto afirma ainda Kardec que a educação, se for bem compreendida, será a chave do progresso moral. É assim que os itens subsequentes visam deixar claro o porquê da necessidade da Reforma Interior e, por fim, como superar nossas limitações ou nossos defeitos. Sem perder de vista uma pedagogia que se importe com a valorização dos interesses dos educandos, para ser móvel propulsor que nos conduzirá ao esforço de renovação de si mesmo.

Que a vivência do amor em sala de aula e o contágio moral possam enriquecer a relação instrutor-educando, predispondo a interioridade a acolher a pretendida mensagem, sempre pautada nos princípios evangélicos.

Walkiria Ank

CAPÍTULO I - O QUE É REFORMA ÍNTIMA

1. DEFINIÇÃO

REFORMA ÍNTIMA

REFORMA: Substantivo feminino; ação ou efeito de reformar. Mudança introduzida em algo para fins de aprimoramento e obtenção de melhores resultados.

ÍNTIMA: Relativo a ou que constitui a essência, o cerne de algo. Que tem origem ou que existe no âmago de uma pessoa.

2. *EVANGELHO:*

"Conhecereis a verdade e a verdade vos libertará." (Jo., 8:32).

É um processo contínuo de autoconhecimento de nossa intimidade espiritual.

"Todo o homem que se entrega ao pecado é seu escravo." (Jo., 8:34).

Consiste em uma busca de superação das limitações do ser, quais sejam os vícios e defeitos.

"Renovai-vos pelo espírito no vosso modo de sentir". (Ef., 4:23).

Abarca a busca de uma vivência evangélica, por uma transformação do modo de sentir, de agir e de pensar os outros e o mundo.

"Sede perfeitos como Perfeito é vosso Pai Celestial". (Mt., 5:48).

Compreende a conscientização das potencialidades infinitas que habitam o ser, rumo à perfectibilidade.

3. OBJETIVOS

"O homem é, na maioria das vezes, artífice de sua própria infelicidade. Praticando a lei de Deus ele pode poupar muitos males e gozar de uma felicidade tão grande quanto o comporta a sua existência em um plano grosseiro." [1]

"A felicidade dos espíritos é sempre proporcional a sua elevação."[2]

Depende, portanto, de cada um, abrandar os seus males e ser feliz.

O Conhecimento de si mesmo. "Qual o meio mais prático, mais eficaz para se melhorar nesta vida e resistir ao arrebatamento do mal?" "Um sábio da Antiguidade vos disse: "Conhece-te a ti mesmo."[3]

4. CONHECER O QUÊ?

Nossas imperfeições e nossos defeitos, vemos constantemente os erros e defeitos dos que nos rodeiam e somos incapazes de perceber os nossos próprios. Nossas faltas são sempre justificadas por nós mesmos, e colocamo-nos sempre

1 KARDEC, Allan. Livro dos Espíritos cap.12 – 4 Parte - Q: 921.

2 KARDEC, Allan. Livro dos Espíritos cap.2 – 4 Parte - Q: 967.

3 KARDEC, Allan. Livro dos Espíritos cap.7 – 4 Parte - Q: 919.

como vítimas, usando-nos de Teorias Secundárias.[4] A grande maioria das criaturas é 'imediatista', isto é, compraz-se na satisfação de suas necessidades elementares, e na manifestação das paixões. Nesse estágio, o homem está mais próximo do estado primitivo do que de sua natureza espiritual. "O homem, sendo perfectível e trazendo em si o germe de seu melhoramento, não foi destinado a viver perpetuamente neste estado, como não foi destinado a viver perpetuamente na infância."[5]

Nesse estágio natural, os hábitos mais comuns são a sensualidade, a gula, a agressividade entre outros. Esse comportamento é típico nos seres humanos e confirma o desconhecimento de si mesmo. Uma pequena minoria da humanidade compreende sua natureza espiritual, e como tal, reflete um comportamento mais racional e menos compulsivo. A primazia por valores imediatistas reflete igualmente uma postura materialista, portanto, efêmera na vida; ao passo que nossa natureza de espíritos objetiva valores eternos, logo, morais e interiores.

5. NOSSAS POTENCIALIDADES

"Sede pois perfeitos, como Perfeito é o vosso Pai Celestial." (Mt., 5:48).

Os espíritos, sendo individuações da Inteligência Absoluta, possuem identidade de origem e de natureza com Deus. A presença divina é imanente nos espíritos e nossa natureza essencial possui relativamente todos os atributos divinos. Cabe a

---

4 SCHUTEL Caibar - Fundamentos da Reforma Íntima - O Clarin

Teorias Secundária: são desculpas que usamos para confortar a nós mesmos diante de nossas atitudes errôneas.

5 KARDEC, Allan. Livro dos Espíritos cap.8 – 3ª Parte - Q: 776

nós, espíritos, portanto, revelar, trazer à luz, tornar em atos essas potencialidades, pela conscientização e consequente dinamização das mesmas. Precisamos sair da condição de seres conduzidos pelo meio, para passarmos à categoria de condutores de nós mesmos. Importa conhecer o que possuímos de qualidade infinita em nossa essência.

6. COMO CONHECER-SE?

"Reconhece-se o verdadeiro espírita pela sua transformação moral e pelo esforço que empreende no domínio das más inclinações."[6]

6.1. Pela autoanálise

Compreendemos toda a sabedoria dessa máxima (conhece-te a ti mesmo), mas a dificuldade está justamente realizar esse processo de descobertas íntimas. Qual o meio de chegar a isto? "Fazei o que eu fazia quando vivi na Terra: No fim de cada dia interrogava minha consciência, passava em revista o que havia feito e me perguntava a mim mesmo se não tinha faltado ao cumprimento de algum dever, se ninguém teria motivo para se queixar de mim (...) Quando estais indecisos quanto ao valor de vossas ações, perguntais como as qualificareis se tivessem sido praticadas por outra pessoa. Se as censurardes em outros, essa censura não poderia ser mais legítima para vós, porque Deus não usa de duas medidas para a justiça".[7]

A Doutrina Espírita, como Cristianismo Redivivo, pauta uma conduta moldada pelos ensinamentos evangélicos, ou seja, nossas

6 KARDEC Allan Evangelho Segundo o Espiritismo cap XVII - Sede perfeitos.

7 KARDEC Allan Evangelho Segundo o Espiritismo cap XVII - Sede perfeitos.

limitações possuem causa em existências anteriores, assim como os valores espirituais e eternos fundamentam nossa conduta rumo à evolução infinita.

6.2. Pela dor

"Bem-aventurados os aflitos, pois que serão consolados."[8]

"Coração que não sofreu é floresta que não se abriu." Auta de Souza."[9]

Pela dor, retificamos nossas mazelas do ontem longínquo ou próximo. Os processos de sofrimento provocam na alma o despertar da consciência e a ampliação de nosso grau de sensibilidade. É nos momentos difíceis, dolorosos, que somos naturalmente levados a meditar sobre os motivos e origem de nossas vicissitudes. É na própria limitação que descobrimos o que existe de infinito em nós.

Todos os seres humanos, na vida em relação, possuem problemas a equacionar, no bom combate em busca do aperfeiçoamento espiritual que chegará mais cedo ou mais tarde, em função do maior ou menor esforço, nos diz Martins Peralva.[10]

6.3. No convívio com o próximo

"Amar o próximo como a si mesmo."-[11]

Aprendemos muito no convívio social, através de nossas reações ao meio e da ação do meio sobre nós. Na infância: no meio familiar, encontra-se nosso relacionamento mais direto com o

---

8 KARDEC, Allan Evangelho Segundo o Espiritismo cap.V - Bem Aventurados os aflitos.

9 Auta de Souza, poetisa, ditou poemas psicografados por Chico Xavier, publicados principalmente na obra pioneira do médium Parnaso de além túmulo (Ed. FEB).

10 PERALVA, Martins Artigo O Bom Combate.

11 KARDEC, Allan Evangelho Segundo o Espiritismo cap XI - Amar ao próximo como a si mesmo.

próximo; aqui brotam espontaneamente nossos impulsos e nossas reações.

Na escola: no convívio escolar, as reações já não são tão espontâneas. Timidez e acanhamento, por vezes, sufocam nossos desejos e nossas expressões interiores. Na adolescência: surge o "querer", é um momento de autoafirmação. A personalidade se configura. Aparecem as primeiras desilusões e os momentos de inconformação.

Cabe-nos buscar saber como e por que reagimos aos apelos e às agressões. Há que se considerar:

Geralmente, os espíritos mais dóceis e flexíveis sofrem menos, pois a carga que lhes atinge o íntimo é menor.

- Mecanismos de projeção: as reações que nos incomodam nos outros são precisamente as mais profundamente marcadas em nós.
- Mecanismos de defesa: geralmente não aceitamos críticas ou mesmo nossos próprios defeitos.
- Sobre o assunto acima: O Ser Consciente e Vida: Desafios e Soluções, de Joanna de Ângelis, esses mecanismos ficam melhor compreendidos.

6.4. Na doação de si mesmo e no trabalho

"A caridade material e caridade moral."[12]

Seja material ou espiritual encontramos uma das formas de exteriorizar, manifestar nossos potenciais, os atributos divinos infinitos que nos caracterizam. Ao mobilizar forças e sentimentos, o espírito tira de si mesmo aquilo que achava que não possuía. E

12 KARDEC, Allan Evangelho Segundo o Espiritismo cap XIII - Não saiba a mão esquerda, o que faz a direita.

nessa doação ao meio, à sociedade, sentimos inusitada alegria interior. É assim que conhecer-se implica, sobretudo, vivenciar nossa condição de co-participantes da Criação, em revelar a si mesmo sua essência. Nisso consiste "dar testemunho", como dizia Jesus, ou seja, revelar a nós mesmos nossa destinação original, trazer à luz, ao conhecimento, a essência perfeita que nos habita, assim como o Pai é perfeito.

7. HÁBITOS E ROTINAS SADIAS

"Combati o bom combate, acabei a carreira e guardei a fé." (Timóteo II 4)

7.1. Conhecer

A formação de hábitos surge em nosso roteiro de vida, como consequência da repetição de atos, que podem assumir situações positivas ou negativas, dependendo do conteúdo de sua repetição, ao longo de nossas atividades. O hábito, portanto, é fruto de uma disposição adquirida, mantendo as experiências atuais e as pretéritas.

Os homens, como os animais, são portadores de instintos, distinguindo-se, todavia, pelo livre-arbítrio, e também pela inteligência e vontade; na proporção em que o ser humano se desenvolve e se esclarece, por força da senha, dos deveres sociais e etc., vai gradativamente dominando os impulsos instintivos, encaminhando sua atividade para objetivos sempre mais nobres. (o verbo dominar neste contexto é: conhecer e saber empregar com proficiência.)

7.2. Analisando

É importante para a nossa evolução espiritual a aquisição de bons hábitos de pensamentos e de boas ações, pois facilitam o enfrentamento das dificuldades de forma rápida, poupando-nos de ações supérfluas. Os hábitos ruins são causadores de enormes estragos no nosso processo de crescimento espiritual; determinadas atitudes que expressamos em razão de sua automatização são imperceptíveis por nós mesmos em nossos relacionamentos, exigindo, em certos casos, muito esforço e boa vontade para eliminá-los.

Em uma feliz analogia, Emmanuel assemelha esses hábitos milenares, incrustados em nossa personalidade, "quase" que a maneira de embarcações ao gosto da correnteza, (...) "aos quais nos ajustamos sem resistência." Fixam-se de tal modo que agimos automaticamente, sem qualquer reflexão.

À medida que ampliamos o nosso amadurecimento espiritual, adquirimos consciência de nós mesmos e utilizamos melhor o livre-arbítrio, incorporando hábitos por experiência própria; enquanto que imaturos assimilamos costumes alheios.

Portanto, os bons hábitos serão sempre úteis ao nosso crescimento, por outro lado, os ruins precisam ser combatidos, exigindo muito esforço e será sempre proporcional à maturidade atingida por cada um, lembrando Paulo à Timóteo II 4:7

8. CONSIDERAÇÕES GERAIS Caibar Schutel[13]

- O processo da Reforma Íntima desgasta e fere o brio do

13 SCHUTEL Caibar -Fundamentos da Reforma Íntima - O Clarin.

encarnado, transformando-o em joguete da falência do porte imponente em que vive seu sentimento de superioridade, inato, natural e, por vezes inconsciente.

- São os pensamentos do encarnado que o aproximam ou afastam de Deus, em maior ou menor grau, com mais ou menos duração.
- O equilíbrio é indispensável para que o encarnado devedor, que o é por natureza, enfrente os obstáculos da sua trilha no plano físico e seja bem-sucedido na sua oportunidade reencarnatória.
- Para alcançar a Reforma Íntima, deve o ser humano cultivar a vontade firme e consciente de que ela é o melhor instrumento que possui para ser mais feliz e vencer tanto na caminhada material quanto na espiritual, paralelas que são.
- O livre-arbítrio é o artífice do seu empreendimento, mestre dos seus passos, mentor do seu discernimento. Pode ser herói ou vilão, salvador ou algoz, benéfico ou maligno.
- Um dos primeiros obstáculos a ser removido é a ausência ou dormência da autocrítica. O que dificulta ou impede o reconhecimento dos seus erros e dos desvios de toda ordem.
- A persistência do indivíduo no descobrimento dos próprios defeitos ampliará consideravelmente o âmbito de possibilidades de êxito. Somente quem sabe os males que possui, pode curá-los. A ignorância é um sério entrave na renovação interior.
- Após ter assimilado o processo de autocrítica, o segundo

passo será agir com sinceridade. De nada adianta enganar-se na Reforma Íntima, porque se assim o fizer ela não será autêntica.

- Uma terceira dificuldade a ser enfrentada é a bagagem secular de erros que o espírito traz consigo ao longo do seu processo evolutivo. São fatores determinantes para a resistência ou não ao processo da Reforma Íntima.
- O mundo dos encarnados é repleto de espíritos, havendo ampla e plena integração entre os dois planos da vida.
- As influências recebidas pelos homens, no entanto, podem ser positivas ou negativas. Intuições e inspirações fluem dos bons espíritos, visando ao auxílio dos encarnados nos seus empreendimentos, dando-lhes o necessário fortalecimento cristão.
- As sugestões do plano inferior, sempre presentes em estágios evolutivos como o da crosta terrestre, quando constantes, podem tornar-se obsessões simples e subjugações, conforme o seu maior ou menor grau de envolvimento e aceitação dessas sugestões.
- A obsessão não representa um mal absoluto, ao contrário, é uma consequência da invigilância do encarnado e da sua falta de querer positivo. Desejando, pois, afastar as influências de seus obsessores, basta um mínimo de Reforma Íntima.
- A ajuda espiritual superior e as reuniões de desobsessão auxiliam nesse processo de libertação.
- Eliminando o assédio do obsessor, estará o encarnado mais apto a dar prosseguimento a Reforma Íntima.

- Vista sob o prisma genérico, a Reforma Íntima é o propulsor indispensável para fazer todo o processo global da evolução do ser e impulsioná-lo à total purificação.
- No ângulo específico, a Reforma Íntima constitui-se de atos isolados, no dia a dia do encarnado, levando-o a melhorar-se nas suas mais variadas atitudes, para depois, ampliando o contexto, alterar sua conduta, tornando-a cada vez mais próxima do comportamento ideal e cristão.
- Ser adepto da lei do amor torna o homem mais dócil e compreensivo, faz com que saiba perdoar, eleva-o à harmonia celestial, deixando-o à mercê dos bons conselhos, levando a esperança perpétua e consolida-se o seu universo de paz.
- Em conclusão, a Reforma Íntima garante a evolução do indivíduo e da humanidade.

CAPÍTULO II - LIVRE- ARBÍTRIO

1. DEFINIÇÃO

Livre arbítrio é o poder que cada indivíduo tem de escolher suas ações, que caminho quer seguir.

2. EVANGELHO

"A cada um segundo sua obra..." (Mateus 16:27)

Dotado de livre arbítrio, ou seja, da liberdade de escolha, é o espírito construtor de seu próprio destino. Sem esse livre arbítrio teríamos que aceitar o destino predeterminado, retirando do ser a responsabilidade dos atos praticados. É bem verdade que, de início, esta liberdade é ainda frágil, dada a imaturidade do espírito em evolução, não discernindo, portanto, com plenitude, a diferença entre o bem e o mal.

Destacamos, que a importância do livre arbítrio, no processo evolutivo do espírito, desde sua criação, na condição de simples e ignorante, até a condição de pureza. Pelo livre arbítrio crescemos e adquirimos experiência, discernimento e compreensão, mas também a responsabilidade por nossos atos, permitindo-nos experimentar as consequências de todos eles.

Assim, é um equívoco acreditar que Deus nos castiga. Apenas colhemos o que plantamos.

3. ANALISANDO

Analisando a questão do livre arbítrio, Pastorino, no Livro da Sabedoria do Evangelho, volume 2[14], ensina que a lei de causa e efeito está presente em todos os momentos da vida e não pode ser modificada por forças externas, dizendo: "...Portanto, aí se encontra a essência última da lei de causa e efeito: o efeito corresponderá à causa que tivermos colocando livremente; mas o efeito não poderá ser modificado por nenhuma ação ou situação externa, colocada a causa, com livre arbítrio, virá o efeito inevitável e exatamente corresponde."

4. CONCLUINDO

Diante dessa conclusão, não existe castigo nas Leis Divinas, as nossas atitudes boas ou más nos acarretaram consequências.

Se boas, ampliaremos o raio de felicidade, se más somos levados a sofrer as consequências de nossas imperfeições.

Sendo assim, não se trata de Deus impondo o sofrimento como castigo, mas são os próprios mecanismo de Suas Leis, que estão programados para avisar, pela dor, na intimidade de cada um, os desvios do roteiro evolutivo.

Assim, não são ações externas, de fora para dentro, mas sim as mudanças pessoais.

14 PASTORINO,CARLOS T. Livro da Sabedoria volume 2.

Daí, Kardec asseverar: “Toda perfeição adquirida é fonte de gozo e atenuante de sofrimentos.” [15]

---

15 KARDEC, Allan -Ceu e inferno - Cap.III - As penas futuras.

CAPÍTULO III - VONTADE

1. DEFINIÇÃO

Desejo, aspiração, gosto, interesse, propósito. É o poder de representar mentalmente um ato levado por motivos ditados pela razão. É a capacidade de querer, de livremente praticar ou deixar de praticar algum ato.

2. EVANGELHO

"A graça é a força com a qual Deus favorece toda pessoa de boa vontade para se despojar do mal e praticar o bem."[16]

3. A VONTADE NA VISÃO ESPÍRITA

O uso da vontade é de capital importância no processo de transformação humana. Não existe nenhum projeto de felicidade que exclua a vontade.

Emmanuel, no livro Pensamento e Vida, diz que "... a mente humana possui vários setores: desejo, inteligência, imaginação, mas que acima de todos eles está o gabinete da Vontade."[17]

---

16 KARDEC, Allan Evangelho Segundo o Espiritismo – Introdução - item 17.

17 XAVIER, Francisco C. - André Luiz Vida e Sexo.

A vontade, é uma função importante do espírito, é através dela que estabelecemos as nossas escolhas, as nossas mais importantes decisões, e assumimos os nossos compromissos. É a alavanca da alma para as realizações espirituais.

4. COMO ACIONAR A VONTADE

Nessa fase de evolução, os sentimentos vão se multiplicando pelo passar das experiências. No início, eles aparecem sob a forma de sentimentos inferiores (ódio, maldade, orgulho, ressentimento...) mas, com o tempo, esses sentimentos vão adquirindo outro colorido, assumindo um patamar de sentimentos mais superiores, como o amor, a bondade, o altruísmo, o perdão...

A vontade nestes casos, não é apenas uma simples força de vontade. Ela inclui, fases: motivação, deliberação, decisão, afirmação, planejamento e execução.

A inteligência, orvalhada de vontade, aponta alguns caminhos para a erradicação dos vícios, dirigindo a mente para caminhos melhores e que geram prazer. O prazer da liberdade é bem melhor que o da escravidão dos vícios. O prazer da boa respiração, da saúde mental e física são inquestionavelmente maiores do que o atrofiamento orgânico que limita e reduz a vida útil.

5. COMPREENDENDO

Assim, a inteligência vai apontando para a direção da dignidade humana, dos sentimentos superiores que trazem os prazeres espirituais, bem mais complexos que os prazeres sensórios dos vícios humanos.

Alinhando-se à vontade aos sentimentos superiores e a

inteligência, o homem construirá bases sólidas e voltadas para as leis de Deus.

CAPÍTULO IV - O QUE SÃO VÍCIOS

1. DEFINIÇÃO

Vícios: Disposição natural para algo; propensão irresistível; tendência, hábito repetitivo de praticar certos atos; erro sistemático; mania, dependência em relação ao consumo de determinada substância (álcool, tabaco, etc.).

2. EVANGELHO

"Em verdade em verdade vos digo, todo homem que se entrega ao pecado é seu escravo. " (Jo., 8:34)

Por "pecado" entende-se aqui todo desvio da lei natural que traça os limites para o homem. "Pecar" é transgredir, agredir sua própria natureza. Ser escravo, efetivamente, consiste em viver dependente de algo exterior a si mesmo.

Os meios de comunicação estão abertos, sem restrições à propaganda envolvente e maciça que induz a humanidade ao fumo, ao álcool, ao jogo, à gula e ao sexo. Não existe a menor reação a tão perniciosos incentivos. Ao contrário, tornaram-se meios de motivação a uma sociedade meramente consumista, cujos produtos (filmes, bebidas, revistas, cigarros, etc.) constituem verdadeiros agentes contaminadores do comportamento moral do homem, induzindo-os ao viciamento de ideias pelo desejo de satisfações ilusórias

Deus não condena, portanto, os gozos terrenos, mas o abuso desses gozos, em prejuízo dos interesses da alma. É contra esse abuso que se previnem os que compreendem estas palavras de Jesus: "*O meu reino não é deste mundo.*"

Cabe-nos, efetivamente, trazer tais mensagens ao crivo da razão, e assumir uma postura crítica diante desses grilhões psicológicos a que somos induzidos.

3. O LIVRO DOS ESPÍRITOS

Q. 777 No estado natural, tendo menos necessidade, o homem não sofre todas as tribulações que cria para si mesmo num estado mais adiantado. Que pensar da opinião dos que consideram esse estado como o da mais perfeita felicidade terrena?

R: Que queres? É a felicidade do bruto. Há pessoas que não compreendem a outra. É ser feliz a maneira dos animais. As crianças também são mais felizes que os adultos.

4. EXPLICANDO

Como regra de conduta para obtenção do bem-estar, explicam o que é tão difícil ao egoísta, porém simples ao sensato:

“O bem-estar é um desejo natural. Deus só proíbe o abuso, por ser contrário à conservação, e não considera um crime a procura do bem-estar, se este não for conquistado às expensas de alguém e se não enfraquecer as vossas forças morais e as vossas forças físicas."

O homem deve progredir sem cessar e não pode voltar ao estado de infância. Se ele progride, é que Deus assim o quer; pensar que ele pode retrogradar para a sua condição primitiva seria negar a Lei do Progresso.[18]

5. COMPREENDENDO

Devemos compreender razoavelmente as características, as causas e consequências do vício e buscar meios para eliminá-los. Todos nós colhemos no sofrimento as consequências amargas dos vícios, cedo ou tarde. Não precisamos chegar às últimas consequências do vício para iniciar o trabalho de auto libertação.

Comecemos por questionar: será que queremos realmente nos libertar, ou nos comprazemos nos vícios? Se queremos realmente nos libertar, quais as razões mais profundas que nos levam a iniciar esse combate?

LE:Q: 716 A Natureza não traçou o limite necessário em nossa própria organização?

"Sim, mas o homem é insaciável. A Natureza traçou o limite de suas necessidades na sua organização, mas os vícios alteraram a sua constituição e criaram para ele necessidades artificiais."

A busca pelo bem-estar é um desejo natural, quando não conquistado às expensas de alguém e do enfraquecimento das forças morais e físicas.

Explicam ainda os espíritos da codificação que a Lei de Conservação nos obriga à busca do bem-estar, cuja finalidade é prover as necessidades do corpo, tais como saúde e disposição

---

18 KARDEC, Allan. Livro dos Espíritos - cap.8 – 3ª Parte - Q: 778.

para o trabalho.

6. DEPENDÊNCIA FÍSICA E PSÍQUICA

O organismo humano adapta-se a esses vícios e o psiquismo fixa-se nas sensações. Na falta delas, o próprio organismo passa a exigir, em forma de dependências, as doses tóxicas ou as cargas emocionais a que se habituara. A criatura não consegue mais libertar-se, contaminando o corpo e a alma; torna-se, conforme as palavras de Jesus, escravo de si mesmo.

7. TENDÊNCIAS REENCARNATÓRIAS

O perispírito guarda certos reflexos ou impregnações magnéticas pelas imantações recebidas do próprio corpo físico e do campo mental. As tendências se transportam e nessas oportunidades de libertação que nos são oferecidas, sucumbimos aos mesmos vícios do passado.

A Doutrina Espírita acrescenta, portanto, um componente reencarnatório aos vícios, o que de certa forma esclarece os casos crônicos e patológicos.

LE : Q 645

"Arrastamento, existe sim; mas, não é irresistível."

Estamos nos referindo a uma má paixão, que é a exacerbação de uma necessidade, de um sentimento que o espírito se descontrolou em algum momento reencarnatório, onde ele agora retorna para aprender a lidar com aquela fragilidade, que é chamado de tentação.

Sabemos que as tentações são provas em nossas vidas, que pedimos antes de reencarnar com o objetivo de nos testar a resistência para obtermos o mérito de mais uma conquista.

Então, desta maneira, de acordo com a nossa capacidade evolutiva, iremos cada vez mais aperfeiçoar o nosso entendimento sobre as Leis de Deus.

O melhor a fazer é aprendermos a pensar, a escolher, a refletir e, assim, construirmos o nosso próprio código de valores morais, que foi fundamentado e alicerçado, usando como padrão, Jesus.

CAPÍTULO V- ALGUNS VICIOS MORAIS E PSIQUÍCOS

1. FUMO

Nossa época não oferece arrimos seguros para o coração do homem. Vivemos em uma sociedade consumista, na qual os valores reais são substituídos pela emoção, pelo prazer da moda, pela afirmação social. Em sua insatisfação interior, o homem procura sentido para o que lhe parece confuso. Experimenta caminhos, mas nem sempre encontra; perde-se no vício, na não realização pessoal, na auto afirmação social.

1.1. Causas do vício do fumo

Fumar consiste em um hábito puramente imitativo; não tem qualquer justificação racional.

Na falta de respostas ao Eu, busca-se um prazer diferente para preencher o vazio interior, auto afirmação social, prestígio perante os homens, falta de segurança em si mesmo, e tantas outras causas.

1.2. Por que parar de fumar?

Para prevenir enfermidades.

As pesquisas científicas têm demonstrado que o poder químico do alcatrão, do benzopireno e outras substâncias, debilitam os órgãos do fumante, propiciando a instalação de inúmeros agentes cancerígenos, substâncias venenosas e elementos que danificam os pulmões com a entrada da fumaça do cigarro.

1.3. Evangelho

(...) "começo por demonstrar a necessidade de cuidar do corpo, que, segundo as alternativas de saúde e doença, influi sobre a alma de maneira muito importante, pois temos de considerá-la como prisioneira da carne. Para que esta prisioneira possa viver; movimentar-se, e até mesmo conceber a ilusão da liberdade, o corpo deve estar são, disposto e vigoroso." ESE - XVII item 11

1.4. Outras considerações

O zelo e o respeito ao organismo, que nos legado é na presente existência, deve nos levar a compreender que não temos o direito de comprometê-lo com a carga de toxinas que o fumo acrescenta. Sob esse aspecto, a Doutrina Espírita considera o fumo como uma forma de suicídio indireto, assim como todo tipo de excesso que, indubitavelmente, acarreta consequências maléficas ao corpo físico e ao perispírito.

- O fumo não só registra impurezas no perispírito - que são visíveis aos médiuns videntes como também amortece as vibrações mais delicadas, bloqueando-as, tornando o homem até certo ponto insensível aos envolvimentos espirituais de entidades amigas e protetoras.

- É importante ainda considerar que, dentro de um propósito transformista, que a vivência doutrinária nos evidencia, é indispensável àqueles que pretendem dedicar-se ao trabalho de Assistência Espiritual de abandonar o fumo, pois que eles (os trabalhadores) são veículos de energias vitalizantes, transmitidas no serviço de passes.
- O fumante, além de tudo, alimenta o vício de entidades que a ele se apegam para usufruir das mesmas inalações inebriantes. Permanece, por vezes, sob o domínio de entidades que se comprazem do mesmo mal. Apesar de todos esses constrangimentos, importa-nos considerar que o vício NÃO exclui a possibilidade de se possuir grandes virtudes.

LE Q: 908 Como definir o limite em que as paixões deixam de ser boas ou más?

As paixões são como um cavalo que é útil quando governado e perigoso quando governa.

A vontade é a mais eficaz arma para vencer os vícios.

LE Q: 909 O homem poderia sempre vencer as suas más tendências pelos seus próprios esforços?

"Sim, e às vezes com pouco esforço", o que lhe falta é a vontade. Ah, como são poucos os que se esforçam!"

Há muitas pessoas que dizem: "Eu quero!", mas a vontade está somente em seus lábios. Elas querem, mas estão muito satisfeitas de que assim não seja. Quando o homem julga que não pode superar suas paixões, é que seu espírito nelas se compraz, como consequência de sua própria inferioridade.

1.5. Compreendendo

O fato de fumar não limita as virtudes nem impede grande mérito nas realizações e conquistas.

Todavia, toda dependência impede ao homem a alegria maior de sentir-se um ser livre. Toda dependência de algo exterior a si impede-nos de manifestar a qualidade infinita de nossas potencialidades.

A vontade pode ser forte, mas também pode ser fraca. Depende da determinação, no grau de força que imprimimos aos nossos pensamentos e às nossas ações. Resistir aumenta a auto confiança, fortalece nossas potencialidades.

2. ÁLCOOL

2.1. Causa dos vícios

As oportunidades sociais, as festas, as reuniões nos predispõem a compartilhar um drinque. Os meios de comunicação estão sempre sugestionando o prazer da bebida vinculado ao bem-estar social (propagandas, filmes, novelas). Precisamos, porém, ter senso crítico, estar atentos para não cometer exageros, não resvalar por esse hábito social e terminar por se condicionar a ele.

Por mais que sejamos sugestionados, toda e qualquer iniciativa parte do próprio espírito. O espírito é o único ser livre no universo, por essa razão, age com conhecimento de causa. A causa não é nunca algo exterior, mas está em nós mesmos. Se a causa está em nós, nada é mais reconfortante do que saber que a libertação também está em nós mesmos. Não são as circunstâncias que devem dominar nosso ser, mas nós devemos ter autodomínio perante as circunstâncias.

2.2. Por que beber

Chegando o álcool ao seio da substância nervosa, diminui sua energia e resistência, deprime os centros nervosos, fazendo surgir lesões graves (paralisias, problemas digestivos e circulatórios que se alastram progressivamente, até atingir órgãos importantes). O álcool reduz a resistência física e, por isso, seu praticante pode ser considerado um suicida moral.

"O suicídio não consiste somente no ato voluntário que produz a morte instantânea, mas em tudo quanto se faça conscientemente para apressar a extinção das forças vitais." Como no exemplifica o livro Céu e Inferno - Allan Kardec.[19]

O suicídio indireto, citado na literatura como inconsciente é abordado com clareza no livro Nosso Lar, psicografado por Chico Xavier, de nosso amigo André Luiz.

Qualquer ato contínuo ou esporádico de irresponsabilidade para o corpo físico, diminuindo o tempo esperado de existência é considerado como suicídio indireto ou inconsciente.

- perturbações enganosas do organismo
- perturbações no psiquismo
- problemas espirituais
- afastamento da natureza espiritual

2.3. Evangelho

"O homem de bem estuda suas próprias imperfeições e

19 KARDEC, Allan - Céu e Inferno - cap.5 – Suicidas.

trabalha sem cessar em combatê-las. Todos seus esforços tendem a permitir-lhe dizer amanhã, que traz em si alguma coisa melhor do que na véspera." [20]

2.4. *O Livro dos Espíritos*

LE Q: 644 O meio em que certos homens vivem não é para eles o motivo principal de muitos vícios e crimes?

Sim, mas ainda nisso há uma prova escolhida pelo espírito no estado de liberdade.

LE Q: 907 O princípio das paixões, sendo natural, é mau em si mesmo?

(...) O abuso a que ele (o homem) se entrega é que causa o mal.

LE Q: 848 A alteração das faculdades intelectuais pela embriaguez desculpa os atos repreensíveis?

Não, pois o ébrio voluntariamente se priva de razão para satisfazer paixões brutais: em lugar de uma falta, comete duas.

LE Q: 977 Aquele que busca reprimi-las (as paixões) compreende sua natureza espiritual, vencê-las é para ele um triunfo sobre a matéria.

2.5. *Compreendendo*

No estado de embriaguez, estamos geralmente influenciados por entidades inferiores que nos impedem de viver uma situação espiritual plena. Nesses casos, há o acompanhamento de entidades que se comprazem no vício, exercendo grande domínio sobre o indivíduo.

---

20 KARDEC, Allan Evangelho Segundo o Espiritismo cap XVII, item 3 - Sede Perfeitos.

No entanto, a causa e o apelo, partem sempre de nós, assim como a iniciativa e a cura dependem também de nós.

Portanto, ser "homem de bem" consiste em ter a coragem moral. Coragem moral é uma riqueza que se revela no próprio exercício de superação. Enquanto colocarmos o poder fora de nós, havemos de continuar no estado de fraqueza. Nada pode nos limitar senão nós mesmos. Nenhuma circunstância, nenhum meio social pode nos levar a realidades inferiores quando temos a vontade de elevar-nos.

3. GULA

3.1. Compreendendo

A sobrecarga de trabalho que os nossos órgãos são obrigados a desenvolver, sem necessidade, leva ao desgaste prematuro dos órgãos físicos. A quantidade necessária de proteínas, gorduras, sais minerais, etc., para manter o corpo físico, é mais ou menos a metade ou a terça parte daquilo que nós normalmente ingerimos. A maioria de nós ingere mais que o necessário. Grande quantidade de alimentos ingeridos não significa ter boa saúde. Mais do que a quantidade, importa a qualidade dos alimentos que ingerimos.

LE Q: 713 Os gozos têm limites traçados pela natureza?

Sim, para vos mostrar o termo do necessário; mas pelos vossos excessos chegais até o aborrecimento e com isso punis a vós mesmos.

LE Q: 723 A alimentação animal, para o homem, é contrária à lei natural?

"Dada a vossa constituição física, a carne alimenta a carne, do contrário o homem perece. A Lei de Conservação lhe prescreve, como um dever, que mantenha suas forças e sua saúde, para cumprir a lei do trabalho. Ele, pois, tem que se alimentar conforme o reclame a sua organização."

"Comece a renovação de seus costumes pelo prato de cada dia. Diminua gradativamente a volúpia de comer a carne dos animais. O cemitério na barriga é um tormento, depois da grande transição. O lombo de porco ou o bife de vitela, temperados com sal e pimenta, não nos situam muito longe dos nossos antepassados, os tamoios e os caiapós, que se devoravam uns aos outros. "[21]

LE, 712-a Deus lhe deu o atrativo do prazer que o solicita à realização dos desígnios da Providência. Mas, por meio desse mesmo atrativo, Deus quis prová-lo também pela tentação que o arrasta ao abuso, do qual a sua razão deve livrá-lo.

Temos de considerar, porém, a máquina econômica do interesse e da harmonia coletiva, na qual tantos operários fabricam o seu pão cotidiano. Suas peças não podem ser destruídas de um dia para o outro, sem perigos graves. Consolemo-nos com a visão do porvir, sendo justo trabalharmos, dedicadamente, pelo advento de tempos novos em que os homens terrestres poderão dispensar da alimentação os despojos sangrentos de seus irmãos inferiores.[22]

---

21 XAVIER, Francisco C - Cartas e Crônicas - Irmão X.

22 XAVIER, Francisco C. O Consolador – Emmanuel.

4. LAMENTAÇÃO

4.1. Definição

Ação ou efeito de lamentar por meio de palavras. Queixume, expressão de mágoa.

4.2. Evangelho

"(...) Transformai-vos pela renovação de vossa mente, para que proveis qual é a boa, agradável e perfeita vontade de Deus." Romanos 12: 2

4.3. Causa

Entre os hábitos negativos que se arraigam nas personalidades conflitáveis e inseguras, a lamentação ocupa um lugar de destaque. Vício perturbador, deve ser combatido com lucidez e razão, em face da não justificativas dos argumentos.

A lamentação, diz Joanna de Ângelis, no livro Autodescobrimento -Uma busca interior, capítulo 10, "... é portanto, obstáculo voluntário que o indivíduo coloca no seu processo de evolução, retardando a marcha do progresso e abrindo espaço para situações perturbadoras e penosas que virão arranca-lo, mais tarde, da inércia e da autocomiseração, porquanto ninguém pode impedir o crescimento para Deus, que é a fatalidade da vida.

4.4. Aprendendo

Precisamos criar novas disposições para enfrentar situações imprevistas, modificando os padrões mentais adquiridos, aos quais nos acomodamos e que não servem para a solução das dificuldades, com as quais estamos nos defrontando no momento.

Mas se quisermos a solução, a reclamação não soluciona, temos de ir à luta.

4.5. Refletindo

Precisamos erradicar a ideia de que "nascemos para sofrer", que "não existe felicidade". Esses conceitos retratam as "leis que criamos para nós mesmos", em função de crenças duvidosas. Nascemos sim, para evoluir e sermos felizes.

Quando Kardec pergunta na questão 920, de O Livro dos Espíritos, se o homem pode gozar na Terra uma felicidade completa, os Mentores respondem que "completa não" em razão das condições evolutivas de cada um, "mas que depende também de cada um de nós abrandar os seus males e ser tão feliz quanto se pode na Terra."

5. PALAVRAS CHULAS

5.1. Definição

Pronunciamento grosseiro, quase sempre carregado de obscenidades.

5.2. Dissonante

"Um palavrão é recebido pela pessoa que não está acostumada a ouvi-lo, como uma nota dissonante no ouvido do músico."[23]

5.3. Compreendendo

Um dos vícios que se propaga no mundo atual, sem darmos

23 NETO, Francisco do Espirito - As dores da Alma - Hammed.

conta do estrago que ele produz, no processo de equilíbrio mental, é o uso do palavrão.

São formas psicológicas de "jogar fora" os desequilíbrios e desarmonias interiores, que o ser carrega no seu foro íntimo. São subterfúgios do "eu" para canalizar a insatisfação que povoa o estágio emocional da criatura.

5.4. Por que?

Todos sabemos que o pensamento é força essencial, mas não admitimos nossa milenária viciação no desvio dessa força. Ora, é coisa sabida que um homem é obrigado a alimentar os próprios filhos; nas mesmas condições, cada espírito é compelido a manter e nutrir as criações que lhe são peculiares. Uma ideia criminosa produzirá gerações mentais da mesma natureza; um princípio elevado obedecerá à mesma lei.

5.5. Reprogramando

O uso do palavrão deve ser combatido como qualquer outro vício. Leva tempo para a mudança, pois, após instalado no nosso comportamento, requer um policiamento constante de nossas atitudes, mudando gradativamente as gerações mentais.

6. APELO SEXUAL

6.1. Atualidade

Existe uma corrente tendenciosa em nossos dias de dar livre expansão aos impulsos sexuais. No entanto, a maioria dos encarnados acaba por descer aos labirintos da insensatez, da intemperança, acumulando responsabilidades de toda natureza. Essa tendência incorre numa completa distorção de sentimentos e de respeito. Sexo exige, antes de tudo, responsabilidade, coisa que poucos assumem em nome do chamado "amor livre".

6.2. Evangelho

"Ouvistes que foi dito aos antigos: Não adulterarás. Eu, porém, vos digo que todo o que olhar para uma mulher, cobiçando-a, já no seu coração adulterou com ela." (Mateus, 5:27-28)

Todo o Evangelho de Jesus consiste em uma exaltação à vida interior, como sendo a única permanente, e portanto real. Em assim sendo, mais do que a ação empírica, importa a disposição de nossa alma diante de determinada situação.

É assim que a palavra adultério aqui não deve ser entendida no seu sentido restrito, mas como toda atitude interior que revela uma imperfeição da alma. É assim que, segundo o Evangelho, a verdadeira pureza não está apenas nos atos, mas também no pensamento, pois aquele que tem o coração puro nem sequer pensa no mal.

6.3. O Livro dos Espíritos

LE Q: 908 Como definir o limite em que as paixões deixam de ser boas ou más?

A palavra "paixão" é quase exclusivamente usada em sentido negativo; logo é "má paixão". Ora, se todas as paixões fossem más, seria preciso dar-lhes combate até arrancá-las. Não se trata de ir contra a natureza que é divina, mas antes de modificar o valor moral das ações humanas, na medida em que estas devem ser assumidas e controladas pelo espírito.

6.4. Considerações sobre sexualidade

- O relacionamento sexual deve ser conhecido e vivenciado no contexto do amor.
- É parte do amor, verdadeira meta a ser alcançada.
- O sexo não precisa ser usado somente para procriar, ainda que seja instrumento para tanto.
- Tem sentido de troca positiva de sensações e vibrações carnais e fluídica.
- O sexo, havendo amor e respeito a si e ao outro, deve ser desfrutado quando possível e desejável.
- Quando no processo de desvios, vários parceiros, perversidade, e prostituição, recai-se em erro de conduta e no vício, porque, nesse prisma, não difere dos demais desvios que o encarnado adota para a satisfação artificial.
- Enquanto as pessoas tiverem pressa, nenhum relacionamento existirá, apenas o egoísmo, que é seu interesse em saciar primeiro a sua vontade sem antes sequer entender qual caminho o outro ao certo quer seguir.
- As pessoas que se entregam a quantos parceiros se lhe apetece, durante a vida, sofrem a partir de uma determinada idade. Quando a tal química começa a diminuir e a pessoa percebe que não formou afetos, só erotismo, o vazio aperta, ocorre o desgosto pela vida, vem a depressão.
- As pessoas na Crosta terrestre relacionam-se positivamente através do amor -material, entendido como atração física que causa prazer à carne, e do amor espiritual - relação superior, que preenche a alma e regozija o ser,

pois completa-lhe a essência.

- Sexualidade não deve ser tabu, mas também não significa libertinagem. Sua finalidade é proporcionar aos encarnados sensações de prazer através do exercício do sentimento amor.

7. APEGO

7.1. Definição

Sentimento de afeição, de simpatia por alguém ou por alguma coisa: apego às pessoas, ao dinheiro. Dedicação permanente e exagerada, a regras inflexíveis.

7.2. Evangelho

"O senhor não se importa que a minha irmã me deixe sozinha com todo este trabalho? Mande que ela venha me ajudar. Aí o Senhor respondeu: "Marta, Marta, você está atada e preocupada com muitas coisas, mas apenas uma é necessária! Maria escolheu a melhor de todas, e esta ninguém vai tomar dela." Lucas, 38: 41-42

7.3. Refletindo

Numa mensagem, constante do Evangelho Segundo o Espiritismo, identifica-se como "Um Espírito Protetor"[24] a entidade comunicante assim interpreta o sentido da conquista material: "Quando considero a brevidade da vida, causa-me dolorosa impressão o fato de terdes como objetivo incessante a conquista do bem-estar material, ao passo que dedicais tão pouca importância, e consagrais pouco ou nenhum tempo ao vosso aperfeiçoamento moral, que vos será levado em conta por toda a eternidade".

Uma lúcida meditação sobre os objetivos reais da nossa existência. É a questão do "ter e do ser". Prioriza-se o material e, em segundo plano, preocupa-se com os valores eternos; estes se incorporam em nosso patrimônio imperecível.

7.4. Analisando

Façamos uma reflexão mais demorada, na citação Jesus no Evangelho segundo Lucas, na citação acima.

Às vezes na interpretação deste texto, muitos criticam Marta e enaltecem Maria, como se a primeira estivesse errada por estar dedicada ao trabalho e Maria certa por estar dedicada às coisas do espírito. No entanto, Marta e Maria representam os dois lados de nós mesmos.

Marta, somo nós, quando vivemos a nossa própria força voltada para as conquistas materiais e labores intelectuais. É uma necessidade. Os benfeitores instruem que "sem o trabalho o homem permaneceria na infância intelectual.

Maria simboliza a nossa outra parte, o cuidado necessário com as coisas espirituais.

Em nossa trajetória evolutiva incialmente somos voltados mais para a vida material, abrigo, alimento e defesa. No entanto, à proporção que amadurecemos espiritualmente vamos nos conectando com os valores morais.

Quando Jesus assevera a Marta "*estás ansiosa e fatigada*" refere-se que não devemos estar apegados, e que isso nos acarretará angústia e sofrimento. A capacidade de se distinguir o que é “necessário” e o que é “supérfluo”. Nem sempre nos contentamos com o que temos, queremos sempre mais e as muitas preocupações impedem a alegria de viver.

Maria já se encontra numa visão vertical, de espírito que aspira a comunhão com a Divindade, que busca o aprendizado superior junto ao Mestre. O estado Maria reflete aqueles que escolheram a melhor parte, que ninguém lhes vai tirar. Simbolizam os que já encontraram Jesus.

8. JULGAR

8.1. Definição

Julgar antecipadamente; conjeturar; supor.

8.2. Evangelho

“Não julgueis para não serdes julgados” Lucas, 6:37

8.3. Compreendendo

Todo juízo emitido em relação a terceiros é temerário, pois é preciso primeiro verificar de quem faz o comentário. Sabe-se que, só podemos falar do próximo, diante de terceiros, aquilo que somos capazes de dizer na sua presença.

O problema não é julgar, mas com que finalidade se julga. Quando Jesus recomenda *“o não julgar”* não pode ser interpretada na sua literalidade, sabia que quase sempre, dada à imaturidade das criaturas, o objetivo dessa pratica é a de difamar, diminuir, vilipendiar o próximo.

8.4. Praticando

A história dos Três Crivos Irmão X Psicografia de Chico Xavier

"... certa feita, um homem esbaforido achegou-se a Sócrates e sussurrou-lhe aos ouvidos:

- Escuta, na condição de teu amigo, tenho alguma coisa muito grave para dizer-te em particular...

- Espera!... ajuntou o sábio prudente. Já passaste o que me vais dizer pelos três crivos?

- Três crivos? – perguntou o visitante, espantado.

- Sim, meu caro amigo, três crivos. Observemos se tua confidência passou por eles. O primeiro é o crivo da verdade.

Guardas absoluta certeza, quanto aquilo que pretendes comunicar?

- Bem ponderou o interlocutor, - assegurar mesmo, não posso... Mas ouvi dizer e ... então...

- Exato. Decerto peneiraste o assunto pelo segundo crivo, o da bondade. Ainda que não seja real o que julga saber, será pelo menos bom o que queres me contar?

Hesitando, o homem replicou:

- Isso não... Muito pelo contrário...

- Ah! – tornou o sábio – então recorramos ao terceiro crivo, o da utilidade, e notemos o proveito do que tanto te aflige.

- Útil?!... – aduziu o visitante ainda agitado. – Útil não é...

- Bem – rematou o filósofo num sorriso, - se o que tens a confiar não é Verdadeiro, nem Bom e nem Útil, esqueçamos o problema e não te preocupes com ele, já que nada valem casos sem edificação para nós"

8.5. Considerando

Em certa ocasião Jesus alertou: "*Por que reparas no cisco no olho de teu irmão e não percebes a trave no teu.*" Mateus 7:3-5

Invés da crítica destrutiva, vendo os pequenos erros do nosso irmão, fazendo julgamentos precipitados, deveríamos apreciar as qualidades boas que, afinal, todos possuem.

Todo julgamento que fazemos deve estar revestido de indulgência para com as deficiências do próximo, busquemos ver para corrigir, auxiliar e não para denegrir. Procuremos ser severos sim, mas para conosco mesmo.

9. OCIOSIDADE

9.1. Definição

Ausência de disposição; falta de empenho; preguiça.

9.2. Evangelho

"Ninguém vive para si." Paulo, Romanos, 14:7

9.3. Analisando

Criamos o próprio destino pela nossa ação. Quando deixamos de cumprir com nosso dever, caímos na vala comum da ociosidade e caminhamos sem objetivos, criamos hábitos negativos, fugindo das responsabilidades e desertamos voluntariamente da construção afetiva com a espiritualidade.

O crescimento espiritual ou o estacionamento vai depender do interesse de cada um, podemos brilhar os nossos potenciais, se bem aproveitarmos as oportunidades, ou então, podemos descambar pelos caminhos da viciação, perdendo a grande oportunidade que nos concede as Leis Maiores para voltarmos ao palco da experiência terrena, com objetivo de evoluir e corrigir as mazelas de nossas imperfeições.

9.4. Concluindo

É bom entendermos que a nossa vida, mesmo que não percebamos, pertence a todos que estão ao nosso redor, como adverte Paulo.

Dai Lázaro afirmar " O dever é a obrigação moral, primeiro para consigo mesmo, e depois para com os outros. O dever é a lei da vida" "(...) O homem que cumpre o seu dever ama a Deus mais que as criaturas, e as criaturas mais que a si mesmo; é a um só tempo, juiz e escravo na sua própria causa.[25]

10. IDOLATRIA

10.1. Definição

Adoração ou culto a imagens ou esculturas, sejam representativas de entidades sobrenaturais ou reais;

Sentido figurado: amor exagerado, excessivo; dedicação desmedida, sem raciocínio, a pessoas, artistas ou entidades..

10.2. Evangelho

"Não vos façais, pois, idólatras" Paulo, I Coríntios, 10:7

10.3. Indispensável

PERIGOS SUTIS[26]

A recomendação de Paulo aos Coríntios deve ser lembrada

25 KARDEC, Allan Evangelho Segundo o Espiritismo cap XVII - item 7 - Sede Perfeitos.

26 XAVIER, Franciso C .Pão Nosso cap. Perigos Sutis.

e aplicada em qualquer tempo, nos serviços de ascensão religiosa do mundo.

É indispensável evitar a idolatria em todas as circunstâncias. Suas manifestações sempre representaram sérios perigos para a vida espiritual.

As crenças antigas permanecem repletas de cultos exteriores e de ídolos mortos.

O Consolador, enviado ao mundo, na venerável missão espiritista, alerta contra esse venenoso processo de paralisia da alma.

Aqui e acolá, surgem pruridos de adoração que se faz imprescindível combater. Não mais imagens dos círculos humanos, nem instrumentos físicos supostamente santificados para cerimônias convencionais, mas entidades amigas e médiuns terrenos que a inconsciência alheia vai entronizando, inadvertidamente, no altar frágil de honrarias fantasiosas. É necessário reconhecer que aí temos um perigo sutil, através do qual inúmeros trabalhadores têm resvalado para o despenhadeiro da inutilidade.

As homenagens inoportunas costumam perverter os médiuns dedicados e inexperientes, além de criarem certa atmosfera de incompreensão que impede a exteriorização espontânea dos verdadeiros amigos do bem, no Plano espiritual.

Quando apontamos um idolatra por "imagens", não nos damos conta que também somos idolatras de outras coisas que atrapalham nossa evolução espiritual..."

Como disse Emmanuel: "É indispensável evitar a idolatria em todas as circunstâncias. Suas manifestações sempre representaram sérios perigos para a vida espiritual."

Sabemos que Jesus é o modelo de todas as virtudes. E quando em sua passagem se reconheceu Mestre, recusou o qualificativo de bom, afirmando que somente o Pai merecia esse adjetivo. Uma clara prova de humildade e também uma atitude veementemente pedagógica contra o culto à personalidade.

"Adoração é útil, se não consistir num vão simulacro. É sempre proveitoso dar um bom exemplo, mas os que somente por afetação e amor-próprio o fazem, desmentindo com o proceder a aparente piedade, mau exemplo dão e não imaginam o mal que causam."

11. RIQUEZA

11.1. Evangelho

"Não se pode servir a Deus e a Mamon" [27]

Mas, quem foi Mamon?

Mamon era um dos deuses adorados pelos sírios, na antiguidade. Ele representava as riquezas. Por isso, suas estátuas eram fundidas em ouro ou prata.

Por isso Jesus disse: "Ninguém pode servir a dois senhores, porque aborrecerá a um e amará a outro ou se unirá a um e desprezará o outro. Não podeis servir a Deus e as riquezas."

Lendo estas palavras, parece que Jesus tinha horror à riqueza e muita má vontade com os ricos. O que não é verdade.

11.2. Analisando

Ao proclamar que não se pode servir a Deus e às riquezas,

27 KARDEC, Allan Evangelho Segundo o Espiritismo cap XVI - item 1 - Não se pode servir a Deus e a Manon.

o Mestre refere-se ao problema do apego. É bem próprio das tendências humanas que o indivíduo, quanto mais ganhe, mais deseje ganhar. E, quanto mais se empolga pelas riquezas, menos sensível se faz às misérias alheias. Então, complica-se, porque, ao invés de servir-se da riqueza para aproximar-se de Deus, afasta-se de Deus por servir à riqueza.

Por isso, Pascal disse: "O homem não possui seu, senão aquilo que pode levar deste mundo. O que é, então, que possuímos? Nada do que se destina ao uso do corpo, e tudo o que se refere ao uso da alma: a inteligência, os conhecimentos, as qualidades morais. "

"O problema é quando o dinheiro deixa de ser um meio de vida e se converte na finalidade dela, quando deixamos de ser senhores do dinheiro e nos transformamos em escravos dele.

O portador de dinheiro amoedado esquece que está na Terra para evoluir, não para acumular bens materiais de que jamais usufruirá, ainda que estenda por milênios a jornada humana.

CAPÍTULO VI - TEMAS CONTROVERSOS DA SOCIEDADE NA VISÃO ESPÍRITA

1. HOMOSSEXUALIDADE

1.1. Visão da Ciência

A homossexualidade deixou de ser considerada doença pela Associação Americana de Psiquiatria em 1973. No Brasil, em 1985, o Conselho Federal de Psicologia deixou de considerar a homossexualidade como um desvio sexual e, em 1999, estabeleceu regras para a atuação dos psicólogos em relação às questões de orientação sexual. Entre elas:

Art. 3° - os psicólogos não exercerão qualquer ação que favoreça a patologização de comportamentos ou práticas homoeróticas, nem adotarão ação coercitiva tendente a orientar homossexuais para tratamentos não solicitados. A homossexualidade não precisa de "cura", visto não ser uma doença. Hoje é considerada apenas como uma "orientação sexual" dentro de uma "diversidade".

1.2. Emmanuel

Vida e Sexo", Emmanuel, Francisco C. Xavier.

A coletividade humana aprenderá, gradativamente, a compreender que os conceitos de normalidade e de anormalidade deixam a desejar quando se trate simplesmente de sinais morfológicos, para se erguerem como agentes mais elevados de definição da dignidade humana, de vez que a individualidade, em si, exalta a vida comunitária pelo próprio comportamento na sustentação do bem de todos ou a deprime pelo mal que causa com a parte que assume no jogo da delinquência. A vida espiritual pura e simples se rege por afinidades eletivas essenciais; no entanto, através de milênios e milênios, o espírito passa por fileira imensa de reencarnações, ora em posição de feminilidade, ora em condições de masculinidade, o que sedimenta o fenômeno da bissexualidade, mais ou menos pronunciado, em quase todas as criaturas. O homem e a mulher serão, desse modo, de maneira respectiva, acentuadamente masculino ou acentuadamente feminina, sem especificação psicológica absoluta. A face disso, a individualidade em trânsito, da experiência feminina para a masculina ou vice-versa, ao envergar o casulo físico, demonstrará fatalmente os traços da feminilidade em que terá estagiado por muitos séculos, em que pese ao corpo de formação masculina que o segregue, verificando-se análogo processo com referência à mulher nas mesmas circunstâncias. Obviamente compreensível, em vista do exposto, que o espírito no renascimento, entre os homens, pode tomar um corpo feminino ou masculino, não apenas atendendo-se ao imperativo de encargos particulares em determinado setor de ação, como também no que concerne a obrigações regenerativas. O homem que abusou das faculdades genésicas, arruinando a existência de outras pessoas com a destruição de uniões construtivas e lares diversos, em muitos casos é induzido a buscar nova posição, no renascimento físico, em corpo morfologicamente feminino, aprendendo, em regime de prisão, a reajustar os próprios sentimentos, e a mulher que agiu de igual modo é impulsionada à reencarnação em corpo morfologicamente masculino, com idênticos fins. E, ainda, em muitos outros casos, espíritos cultos e sensíveis, aspirando a realizar tarefas específicas na elevação de agrupamentos humanos e, consequentemente, na elevação de si próprios, rogam dos Instrutores da Vida Maior que os assistem a própria internação no campo físico, em vestimenta carnal oposta à estrutura psicológica pela qual transitoriamente se definem. Escolhem com isso viver temporariamente ocultos na armadura carnal, com o que se garantem contra arrastamentos irreversíveis, no mundo afetivo, de maneira a perseverarem, sem maiores dificuldades, nos objetivos que abraçam. Observadas as tendências homossexuais dos companheiros reencarnados nessa faixa de prova ou de experiência, é forçoso se lhes dê o amparo educativo adequado, tanto quanto se administra instrução à maioria heterossexual. E para que isso se verifique em linhas de justiça e compreensão, caminha o mundo de hoje para mais alto.

1.3. Francisco Cândido Xavier

Em declaração ao Jornal Folha Espírita de 1984, Chico afirma:

"Não vejo pessoalmente qualquer motivo para críticas

destrutivas e sarcasmos incompreensíveis para com nossos irmãos e irmãs portadores de tendências homossexuais, a nosso ver, claramente iguais às tendências heterossexuais que assinalam a maioria das criaturas humanas. Em minhas noções de dignidade do espírito, não consigo entender porque razão esse ou aquele preconceito social impediria certo número de pessoas de trabalhar e de serem úteis à vida comunitária, unicamente pelo fato de haverem trazido do berço características psicológicas e fisiológicas diferentes da maioria. (...)"

1.4. Divaldo Pereira Franco

FRANCO, Divaldo P., Loucura e obsessão.

O que o espiritismo considera negativo para o espírito é o seu comportamento nesta ou naquela área: uma vida promíscua, a pederastia, a entrega sem nenhum respeito por si mesmo nem pelo próximo, mas não apenas no homossexual mas também no heterossexual. Um indivíduo promíscuo na heterossexualidade não passa de alguém que está indo contra a sua própria constituição física e psíquica. A homossexualidade, portanto, não é uma doença, não é uma patologia. Dizem os melhores sexólogos, que é uma preferência sexual. No entanto, sabemos que é uma experiência a que o espírito se impõe, ou que vai imposto, por causa de uma conduta anterior na qual não soube manter o seu equilíbrio. Imaginemos uma mulher que vive exclusivamente para o sexo, sem emoções, que perverte homens, que destrói lares. Numa próxima reencarnação retornará com a anatomia masculina e, no entanto, com as tendências psicológicas femininas. Veremos um homossexual, um homem que de alguma forma se utilizou do sexo para o prazer, para perverter, para levar à corrupção, reencarna-se com tendências femininas e uma anatomia masculina. O oposto, portanto, da mulher que se reencarna com uma anatomia feminina e tendências masculinas. Cabe ao espírito reencarnando-se, respeitar o "vaso", o corpo físico. Então, pergunta-se se esse ser tem o direito de experimentar o amor, de experimentar o sexo. É um problema de consciência.

O espiritismo não estabelece normas de conduta para os outros. Cada um responde pelo comportamento que tem, no entanto, uma lei é incontestável: temos o dever de nos respeitarmos e de respeitarmos o nosso próximo. Não se trata, portanto, de uma patologia, mas, de uma experiência.

A atitude mental e o comportamento sexual é que irão estabelecer a moralidade ou a imoralidade da experiência pessoal.

2. *MASTURBAÇÃO*

2.1. *Mitos e Consequências*

Muitas pessoas vivem angústias profundas em torno das diretrizes comportamentais na área sexual e isso é compreensível em nosso estágio de humanidade. Por isso, escrevemos alguns argumentos sobre o tema, a fim de que possamos com a Doutrina Espírita aprender um pouco mais. O Espiritismo explica baseado no livre-arbítrio, no percurso de vidas anteriores e na evolução moral de cada um, como esses assuntos devem ser tratados. Lembrando sempre que "cada caso é um caso e muito particular".

Uma dessas ansiedades é a masturbação, que segundo Sigmund Freud, é envolvida em muito preconceito, graças ao dogmatismo religioso que estigmatiza a sexualidade. Vai distante a época em que se decretava que a masturbação conduzia à loucura e ao inferno. Normal no adolescente que está descobrindo a sexualidade, frequente nos corações solitários, o problema é que ela favorece a viciação, aguçando o psiquismo do indivíduo com sensualidade avivada. Por outro lado, obsta a sublimação das energias sexuais, quando as circunstâncias nos convocam à castidade, incitando-nos a canalizá-las para as realizações mais enobrecedoras. Vale dizer: há uma energia sexual que precisa ser controlada, não necessariamente através da prática sexual, mas direciona-la a outras atividades, inclusive à prática da caridade.

2.2. Autoerotismo

A consciência nos sussurra que relação sexual presume dois parceiros. O autoerotismo não deixa de ser uma busca de "prazer" egoísta, por isso mesmo, toda prudência é imprescindível. Na área sexual, urge vigilância permanente, pois, na maioria das vezes ao se masturbar, a criatura não está tão solitária como imagina. espíritos das sombras, viciados no sexo, muitas vezes estimulam este vício solitário, prejudicando casais quando o parceiro opta por masturbar-se. Entretanto, mister considerar que cada caso é um caso, sem desconsiderar jamais que o equilíbrio e a disciplina mental precisam ser alcançados.

Por isso o Espírito Emmanuel, no livro "O Consolador", questão 184, psicografado por Chico Xavier, orienta-nos que, "ao invés da educação sexual pela satisfação dos instintos, é imprescindível que os homens eduquem sua alma para a compreensão sagrada do sexo". O uso indevido de qualquer função sexual produz distúrbios, desajustes, carências, que somente a educação do hábito consegue harmonizar. Afinal, o homem não é apenas um feixe de sensações, mas, também, de emoções, que podem e devem ser dirigidas para objetivos que o promovam, nos quais centralize os seus interesses, motivando-o a esforços que serão compensados pelos resultados benéficos.

2.3. Energia

O sexo é muito bonito, não em sua banalização, mas em sua visão espiritual. No conceito de trocas energéticas que nos revigoram, nos auxiliam, nos amparam.

O verdadeiro sexo não está no ato explícito da relação, mas no sentimento implícito dos espíritos que se relacionam.

Tudo é energia sexual. Os elos de amor e ódio entre os seres.

Energias que não necessitam do sexo físico para existirem, mas que, pelo contrário, se encontram presentes em todo momento em nós, esperando que lhes sejam dadas formas de expressão.

Dessa forma, podemos entender que energia sexual é a energia que presente em nosso corpo físico e material, dá movimento ao espírito.

Que nos fornece possibilidades e meios. Que plasma nossos pensamentos. Enfim, é energia.

Assim como o andar é a canalização dessa energia no movimento das pernas... O sorrir é a canalização do movimento dos rostos.

O pensar é a canalização do movimento da alma.

Nossos momentos de raiva. São distúrbios dessas mesmas energias sexuais, apenas expressas de outra forma, mesmo que essa seja apenas plasmada no pensamento.

Forma que não podemos dizer ser melhor ou pior do que a masturbação, visto que a verdade consta na intenção e não apenas na expressão.

A vida saudável na esfera do sexo decorre da disciplina, da canalização correta das energias, da ação física: pelo trabalho, pelos desportos, pelas conversações edificantes que proporcionam resistência contra os arrastamentos da sensualidade, auxiliando o indivíduo na conduta. Muitas pessoas consideram o prazer apenas como sendo uma expressão da lascívia, e se esquecem daquele que decorre dos ideais conquistados, da beleza que se expande em toda parte e pode ser contemplada, das encantadoras alegrias do sentimento afetuoso, sem posse, sem exigência, sem o condicionamento carnal. Será que devemos depreender que o Espiritismo proíbe toda a atividade sexual?! De modo algum.

2.4. Decisão

O Espiritismo nada proíbe. Deixa ao livre-arbítrio à decisão consciente de cada um, a atitude a tomar. Limita-se a dar orientação e a demonstrar que atitudes mal tomadas geram intranquilidade e insatisfação, e coloca-nos perante a realidade e a vantagens do uso consciente da vida. A Doutrina Espírita apresenta a sexualidade despida da conotação religiosa dogmática que consagrou o sexo pecaminoso, sujo, proibido e demoníaco.

Todavia, não legitima o enquadramento da sociedade atual que consubstanciou o sexo como objeto de consumo, devassidão e trivialidade. A proposta espiritista é da energia criadora que necessita estar sedimentada pela lógica e pelo sentimento, pelo respeito e entendimento, pela fidelidade e amor, a fim de propiciar a excelsitude e a paz, ou seja, "Um sexo para a vida e não uma vida para o sexo!" Para Emmanuel, no livro "Vida e Sexo", diante das proposições a respeito do sexo, é justo sintetizar-se todas as digressões possíveis nas seguintes normas: não proibição, mas educação; não abstinência imposta, mas emprego digno, com o devido respeito aos outros e a si mesmo; não indisciplina, mas controle; não impulso livre, mas responsabilidade. Fora disso, é teorizar simplesmente, para depois aprender ou reaprender com a experiência. Sem isso, será enganar-nos, lutar sem proveito, sofrer e recomeçar a obra da sublimação pessoal, tantas vezes quantas se fizerem precisas, pelos mecanismos da reencarnação, porque a aplicação do sexo, ante a luz do amor e da vida, é assunto pertinente à consciência de cada um. Ninguém se burila de um dia para outro. Conversões religiosas exteriores não alteram, de improviso, os impulsos do coração. Achamo-nos muito longe da meta para alcançar o projeto de acrisolamento sexual.

3. ABORTO

3.1. Definição

Aborto ou interrupção da gravidez é a remoção ou expulsão prematura de um embrião ou feto do útero, resultando na sua morte ou sendo por esta causada.

3.2. Tipos de Abortos

3.2.1. Espontâneo = Desistência do espírito, Imperfeição natural, Provas e expiações

LE Q: 346. Que faz o espírito, se o corpo que ele escolheu morre antes de se verificar o nascimento?

"Escolhe outro."

LE Q: 346 a) Qual a utilidade dessas mortes prematuras?

Dão-lhes causa, as mais das vezes, as imperfeições da matéria."

3.2.2. Provocado = Pais, família, Profissionais.

LE Q: 358. O aborto provocado é um crime, qualquer que seja a época da concepção?

Há sempre crime quando se transgrida a lei de Deus. A mãe ou qualquer pessoa cometerá sempre um crime ao tirar a vida à criança antes do seu nascimento, porque isso é impedir a alma de passar pelas provas de que o corpo devia ser o instrumento.

3.3. Leis Divinas e Leis Humanas

LE Q: 614. O que se deve entender por lei divina?

A natural é a lei de Deus; é a única necessária à felicidade do homem; ela lhe indica o que ele deve fazer ou não fazer e ele só se torna infeliz porque dela se afasta.

LE Q : 615. A lei de Deus é eterna?

É eterna e imutável, como o próprio Deus.

LE Q: 795-Qual a causa da instabilidade das leis ?

As leis humanas são mutáveis, progridem de acordo com o progresso moral dos homens.

LE Q: 344. Em que momento a alma se une ao corpo?

Quando começa a vida.

LE Q: 344 "A união começa na concepção, mas só é completa por ocasião do nascimento. Desde o instante da concepção, o espírito designado para habitar certo corpo a este se liga por um laço fluídico, que cada vez mais se vai apertando até ao instante em que a criança vê a luz. O grito, que o recém-nascido solta, anuncia que ela se conta no número dos vivos e dos servos de Deus."

3.4. O que diz a Doutrina Espírita

A Espírita procura esclarecer que o aborto é crime, que pode ter atenuantes ou agravantes, como todo desrespeito à lei. Antes de ser transgressão à lei humana, o abortamento provocado constitui crime perante a Lei Divina ou Natural, ficando os infratores sujeitos à infalível lei de ação e reação.

Com a prática do aborto, os envolvidos assumem débitos perante a Lei Divina, por impedir a reencarnação de um espírito necessitado da oportunidade de progresso que a ele é concedida.

Deus, que nos concedeu a liberdade, nos deixa com o livre-arbítrio para decidirmos se interrompemos ou não a gestação de um filho, uma vez que somos responsáveis pelos nossos próprios atos. Mas Deus não dá a ninguém o direito de eliminar a vida de um ser que está em formação no organismo materno, pois a vida pertence a Deus e só a Ele compete o direito de eliminá-la.

A organização física e os elementos genésicos femininos e masculinos são criação de Deus e todo o processo e formação da criança no ventre materno está sob a diretriz de Suas Leis. A participação da mulher na maternidade não é absoluta, mas parcial.

"A mãe terrestre deve compreender, antes de tudo, que seus filhos, primeiramente, são filhos de Deus."[28]

---

28 XAVIER, Francisco C. Emmanuel O Consolador.

3.5. Única exceção

LE Q: 359. Dado o caso que o nascimento da criança pusesse em perigo a vida da mãe dela, haverá crime em sacrificar-se a primeira para salvar a segunda?

"Preferível é se sacrifique o ser que ainda não existe a sacrificar-se o que já existe."

3.6. Mensagem para quem abortou

Ante a queda moral pela prática do aborto, não se busca condenar ninguém. O que se pretende é evitar a execução de um grave erro, de consequências nefastas, tanto individual como socialmente.

Como asseverou Jesus (João, 8:11):

"Eu também não te condeno; vai e não tornes a pecar."

A proposta de recuperação e reajuste que o Espiritismo oferece é de abandonar o culto ao remorso imobilizador, a culpa autodestrutiva e a ilusória busca de amparo na legislação humana, procurando a reparação, mediante reelaboração do conteúdo traumático e novo direcionamento na ação comportamental, o que promoverá a liberação da consciência, através do trabalho no bem, da prática da caridade e da dedicação ao próximo necessitado, capazes de edificar a vida em todas as suas dimensões.

4. EUTANÁSIA NA VISÃO MÉDICO ESPÍRITA

4.1. Definição

Eutanásia consiste na conduta de abreviar a vida de um paciente em estado terminal .

4.2. Evangelho

"Um homem agoniza, presa de cruéis sofrimentos. Sabe-se que seu estado é sem esperanças. É permitido poupar-lhe alguns instantes de agonia, abreviando-lhe o fim? Mas quem vos daria o direito de prejulgar os desígnios de Deus? Não pode ele conduzir um homem até a beira da sepultura, para em seguida retirá-lo, com o fim de fazê-lo examinar-se a si mesmo e modificar-lhe os pensamentos? A que extremos tenha chegado um moribundo, ninguém pode dizer com certeza que soou a sua hora final. A ciência, por acaso, nunca se enganou nas suas previsões?"[29]

Bem sei que há casos que se podem considerar, com razão, como desesperados. Mas se não há nenhuma esperança possível de um retorno definitivo à vida e à saúde, não há também inúmeros exemplos de que, no momento do último suspiro, o doente se reanima e recobra suas faculdades por alguns instantes? Pois bem: essa hora de graça que lhe é concedida, pode ser para ele da maior importância, pois ignorais as reflexões que o seu espírito poderia ter feito nas convulsões da agonia, e quantos tormentos podem ser poupados por um súbito clarão de arrependimento.

O materialista, que só vê o corpo, não levando em conta a existência da alma, não pode compreender essas coisas. Mas o espírita, que sabe o que se passa além-túmulo, conhece o valor do último pensamento. Aliviai os últimos sofrimentos o mais que puderdes, mas guardai-vos de abreviar a vida, mesmo que seja em apenas um minuto, porque esse minuto pode poupar muitas lágrimas no futuro.

---

29 KARDEC, Allan Evangelho Segundo o Espiritismo cap.V item 28 Bem Aventurados os aflitos.

4.3. Mecanismo Médico

A morte encefálica consiste em uma lesão irreversível do cérebro. Pode ocorrer após um derrame cerebral, traumatismo craniano ou por um tumor intracraniano. Com a morte encefálica, ocorre a interrupção definitiva e irreversível de todas as atividades cerebrais .

Para diagnosticar a morte encefálica, o critério utilizado é a cessação irreversível de todas as funções do encéfalo, incluindo também o tronco encefálico.

Deve-se levar em conta a irreversibilidade de recuperação em caso de lesão cerebral, pois a parada cardíaca e a parada respiratória são reversíveis, mas com o encéfalo é diferente, este controla o corpo e, quando é lesado, não há mais recursos para recuperá-lo.

O médico deverá verificar o histórico da doença e conhecer a causa que levou a morte encefálica. Deverá ele excluir distúrbios que possam dar um resultado positivo falso, quer dizer, excluir qualquer possibilidade de não ter ocorrido realmente a morte encefálica e, para maior certeza, fazer exames complementares, como o eletroencefalograma e arteriografia.

Os requisitos para diagnosticar a morte encefálica poderão ser divididos em etapas e após verificar cada uma, passa-se para a próxima para evitar qualquer erro e ter um resultado 100% verdadeiro.

Na primeira etapa deve ser provada a irreversibilidade da lesão cerebral, esta pode ser constatada de várias formas, como o coma não reativo por no mínimo 6 horas; presença de lesão encefálica irreversível, confirmada através de exames como o eletroencefalograma e arteriografia e ausência de possibilidade de reversibilidade do estado comatoso do paciente.

Verificados esses critérios, o médico passará para a Segunda etapa, onde ocorrerá os exames clínicos e o teste de apneia, afim de provar a ausência de função do tronco cerebral através de estímulos dolorosos na face, tronco e membros, em caso de coma não reativo, com estimulação luminosa e sonora. O médico deverá constatar: 1) a ausência de reflexo corneano, estimulando a córnea com o uso de cotonete; 2) a ausência de reflexo de tosse ao estimular a traqueia inserindo cateter através de cânula; 3) a ausência de reflexo pupilar ao estimular a pupila por foco luminoso; 4) a ausência de reflexo oculocefalógiro, onde ocorra o não desvio do olhar durante a rotação da cabeça nos sentidos tanto vertical quanto no sentido horizontal; 5) a ausência de reflexo vestibular ao fazer estímulo do tímpano introduzindo nele 60*ml* de água gelada a 0-5° C. E por fim o médico fará o teste de apneia, que consiste em desligar por dez minutos os aparelhos de suporte à respiração de pacientes em coma, onde será constatada a ausência de movimentos respiratórios após sua máxima estimulação.

Na terceira etapa, o médico fará os testes complementares para comprovar a ausência de função cerebral. Esta será feita pelo eletroencefalograma, que consiste no estudo da atividade elétrica cerebral captada por eletrodos aplicados sobre a superfície do couro cabeludo, provando o silêncio elétrico cerebral "isoelétrico" e o outro exame complementar que é a arteriografia, que consiste em radiografia com injeção de contraste nas artérias, onde demonstrará a ausência de perfusão sanguínea cerebral.

A quarta e última etapa para a constatação da morte encefálica consistirá em repetir os exames da Segunda etapa, afim de reafirmar a persistência das condições clínicas antes diagnosticadas. Se for confirmada a ausência de perfusão sanguínea ou da atividade cerebral por qualquer um dos testes acima utilizados, deverá o médico repetir os exames clínicos após 60 minutos, mas se ele não realizar nenhum teste complementar, o tempo de repetição para o exame será maior, sendo este intervalo de 6 horas no mínimo. Se, durante a internação, o paciente demonstrar suspeita de intoxicação por substâncias ministradas pelo médico, deverá ser feito o histórico das substâncias envolvidas e a dosagem a elas ministradas, ou esperar 72 horas para realizar o 2º exame clínico.

Essa bateria de exames deverá ser realizada por no mínimo dois médicos especialistas no assunto, devendo um ser neurologista ou neurocirurgião e o outro, intensivista. Eles não poderão participar de equipes de transplante de órgãos ou ter interesse pelo assunto. Se houver realmente a constatação exata da morte encefálica, os membros da equipe médica completarão a ficha de exame, assinando-a com a declaração de óbito em 2 vias, a 1º via será encaminhada a Comissão de Ética Médica do Hospital e a 2ª via permanecerá no prontuário médico.[30]

4.4. Chave do Progresso

"Quando te encontres diante de alguém que a morte parece nimbar de sombra, recorda que a vida prossegue, além da grande renovação...

---

30 © PORTAL MÉDICO 2010 - o site do Conselho Federal de Medicina

Não te creias autorizado a desferir o golpe supremo naqueles que a agonia emudece, a pretexto de consolação e de amor, porque, muita vez, por trás dos olhos baços e das mãos desfalecentes que parecem deitar o último adeus, apenas repontam avisos e advertências para que o erro seja sustado ou para que a senda se reajuste amanhã..."

"É por esse motivo que no mundo encontramos, a cada passo, trajes físicos em figurino moral diverso. Corpos – santuários... Corpos – oficinas... Corpos – bênçãos... Corpos – esconderijos... Corpos – flagelos... Corpos – ambulâncias... Corpos – cárceres... Corpos – expiações[31]...

5. PENA DE MORTE

LE Q: 760 A pena de morte desaparecerá um dia da legislação humana?

A pena de morte desaparecerá incontestavelmente e sua supressão assinalará um progresso da Humanidade. Quando os homens forem mais esclarecidos, a pena de morte será completamente abolida da Terra. Os homens não terão mais necessidade de ser julgados pelos homens. Falo de uma época que ainda está muito longe de vós.

5.1. Comentário de Kardec

O progresso social ainda deixa muito a desejar, mas seríamos injustos para com a sociedade moderna se não víssemos um progresso nas restrições impostas á pena de morte entre os povos mais adiantados, e à natureza dos crimes aos quais se limita

31 XAVIER,Francisco C. Emmanuel Religião dos Espíritos.

a sua aplicação. Se compararmos as garantias de que ajusta se esforça para cercar hoje o acusado, a humanidade com que o trata, mesmo quando reconhecidamente culpado, com o que se praticava em tempos que não vão muito longe, não poderemos deixar de reconhecer a via progressiva pela qual a Humanidade avança.

CAPÍTULO VII - FILHOS DOS AMOR E FILHOS DO EGOÍSMO

1. VIRTUDES

1.1. Definição

Etimologicamente, o termo virtude vem do latim virtus, que significa força. Em seu sentido original, significava "coragem", "força" do guerreiro. Mas, genericamente, passou a significar poder ou aptidão de se fazer algo. No sentido moderno e corrente, significa capacidade ou potência própria do homem, de natureza moral, disposição à prática do bem.

É assim que, entre as virtudes, abordaremos em sequência as qualidades essenciais do homem de bem: caridade, humildade, desprendimento, perdão e tolerância.

1.2. Evangelho

"A virtude, no seu grau mais elevado, abrange o conjunto de

qualidades essenciais que constituem o homem de bem. "[32]

Influenciada pelo momento histórico em que surgiu, a Doutrina Espírita fundamenta-se em uma ética iluminista, para a qual o conceito de virtude consiste em:

a) intenção de fazer o bem

b) desinteresse pessoal

c) capacidade ou potência moral

"E se eu distribuísse todos os meus bens em sustento dos pobres, e se entregasse meu corpo para ser queimado, se, todavia, não tivesse caridade, nada disto me aproveitaria. "Paulo, I Co., 13 :3

Assim que o apóstolo Paulo define a verdadeira caridade; mostra-a, não somente na beneficência, mas no conjunto de qualidades do coração, na bondade e na benevolência para com o próximo.

1.3. O Livro dos Espíritos

LE Q:747 Deus é justo e julga mais a intenção do que o fato?

Já vos respondi ao dizer que Deus julgaria a intenção, e que o fato em si teria pouca importância para Ele.

É assim que, para a ética espírita, a virtude não consiste apenas nas boas obras, mas na intenção, ou seja, não somente no que o homem faz, mas no que ele "quer" fazer efetivamente. Não é, pois, pelo conteúdo que uma ação é considerada virtuosa, mas antes pela vontade, pela disposição de alma do indivíduo. (..)

LE Q: 893 Qual a mais meritória de todas as virtudes?

Todas têm o seu mérito, porque todas são indícios de progresso no caminho do bem. Há virtude sempre que há

32 KARDEC, Allan Evangelho Segundo o Espiritismo cap XVII item 8 Sede Perfeitos.

resistência voluntária ao arrastamento das tendências, mas a sublimidade da virtude consiste no sacrifício do interesse pessoal para o bem do próximo, sem segunda intenção. A mais meritória é aquela que se baseia na caridade mais desinteressada.

1.4. Compreendendo

É assim que o homem deve buscar cumprir o dever, não porque o preserva dos males da vida, mas porque transmite à alma a alegria, o vigor necessário ao seu desenvolvimento. Nisso consiste a liberdade interior, a que liberta das prisões morais: cumprir o dever pela alegria de cumpri-lo, e não para ser reconhecido ou por recompensa exterior a si. O homem virtuoso é, portanto, alegre em si mesmo.

1.5. Chaves do Progresso

As virtudes são chaves do progresso do espírito e os bálsamos que aplacam as chagas do mal, constituem o mais eficaz remédio contra o sofrimento e a oportunidade maior que o encarnado possui de atingir a paz interior, sublime, mansa e benéfica.

E assim, gradativamente, conquistaremos ao longo das encarnações solidárias a abnegação, benevolência, bondade, brandura, desprendimento, devotamento, disciplina, lealdade, resignação, pureza de coração, solidariedade e muito mais.

1.6. Exame de consciência

"Este meu filho estava morto e reviveu, tinha-se perdido e foi achado." Lucas 15: 24-32

1.7. Analisando

A consciência é o Juiz incorruptível, que nos responde sempre quando nos desviamos das Leis de Deus. Quando, em razão do nosso livre-arbítrio, erramos, surge a dor, em forma de remorso, angústia e tristeza, não como castigo, mas como terapia necessária para o retorno à normalidade do equilíbrio, perante às Leis da Consciência.

LE Q: 621: Onde está escrita a lei de Deus?

"Na consciência."

Visto que o homem traz em sua consciência a lei de Deus, que necessidade havia de lhe ser ela revelada?

"Ele a esquecera e desprezara. Quis então Deus lhe fosse lembrada."

1.8. Despertar da Consciência

Afinal, quando começa o despertar da consciência? No momento da humanização, ou seja, desde o princípio inteligente, que depois de estagiar pelos vários reinos anteriores, adquire o livre-arbítrio transformando-se em espírito.

Consciência é pois, algo que existe em nós, que nos leva a reconhecermo-nos, a perceber com clareza, o que e como sentimos, pensamos, agimos e reagimos, em nosso viver cotidiano.

Quanto mais se desenvolve o homem, intelectual e moralmente, quanto mais ele se educa no conhecimento e na vivência das leis de Deus, mais essa consciência se amplia e mais ele percebe quem é, como é, o que pode ser e, quanto mais claramente, ele ouve a voz da sua consciência, mais percebe os outros, tornando-se melhor pessoa. Possui mais e melhores condições de viver melhor, de ajudar mais e melhor seu próximo e de colaborar, com mais eficiência, na melhoria da comunidade onde vive.

1.9. Praticando

Santo Agostinho, no item 5, do capítulo 12 nos alerta sobre a necessidade de conhecermos a nós mesmos, como meio eficaz para melhorar na vida e resistir ao arrastamento do mal.

"Fazei o que eu fazia, quando vivi na Terra: ao fim do dia, interrogava a minha consciência, passava revista ao que fizera e perguntava a mim mesmo se não faltara a algum dever, se ninguém tivera motivo para de mim se queixar.(...) Aquele que, todas as noites, evocasse todas as ações que praticara durante o dia e inquirisse de si mesmo o bem ou o mal que houvera feito, rogando a Deus e ao seu anjo de guarda que o esclarecessem, grande força adquiriria para se aperfeiçoar, porque, crede-me, Deus o assistiria. Dirigi, pois, a vós mesmos perguntas, interrogai-vos sobre o que tendes feito e com que objetivo procedestes em tal ou tal circunstância, sobre se fizestes alguma coisa que, feita por outrem, censuraríeis, sobre se obrastes alguma ação que não ousaríeis confessar. Perguntai ainda mais: "Se aprouvesse a Deus chamar-me neste momento, teria que temer o olhar de alguém, ao entrar de novo no mundo dos espíritos, onde nada pode ser ocultado?"

2. *ORGULHO E EGOÍSMO*

2.1. *Definição*

O orgulho consiste, em suma, no elevado conceito que alguém faz de si mesmo, na estima excessiva de si mesmo.

Na verdade, consiste em uma paixão que obriga a que se estime mais a si mesmo que a tudo quanto há no mundo. Sob esse aspecto, o orgulho é um tirano que torna o homem escravo de si mesmo. Eis assim as características do comportamento orgulhoso.

2.2. *Evangelho*

"Não podeis ser felizes, sem mútua benevolência, e como poderá esta existir juntamente com o orgulho? O orgulho, eis a fonte de todos os males. Dedicai-vos pois a tarefa de destruí-lo, se não quiserdes perpetuar as suas funestas consequências." [33]

Entre essas características destacam-se, pois, o fato de o orgulhoso:

- não aceitar críticas, não aceitar seus erros;
- querer ser o centro de atenções;
- apreciar ser elogiado;
- menosprezar o próximo;
- dar demasiada importância a aparência exterior, posição social e prestígio pessoal...

Todas essas características constituem enormes bloqueios de sentimento, e constituem verdadeiras barreiras para o homem vivenciar a interioridade de forma liberta e plenamente.

33 KARDEC, Allan Evangelho Segundo o Espiritismo cap VII item 12 Bem aventurados os pobres de Espíritos.

2.3. *Evidências*

O orgulho é filho primogênito do egoísmo.

Egoísmo e orgulho são os inimigos da evolução; ainda estão fortes e presentes no coração e nas atitudes da maioria dos encarnados.

Pode-se trabalhar esses sentimentos, evitando amargor, antipatia, avareza, ciúmes, cólera, comodismo, covardia, deslealdade, falsidade, individualismo, inflexibilidade, ingratidão, vaidade, materialismo, vingança, melancolia, indisciplina, prepotência, entre outras.

2.4. *Compreendendo*

O processo da Reforma Íntima desgasta e fere o brio do encarnado, transformando-o em joguete da garbosidade de seu sentimento de superioridade, inato, natural e, por vezes, inconsciente.

São os pensamentos do encarnado que o aproximam de Deus ou o afastam, em maior ou menor grau ou duração.

Assim, para alcançar a Reforma Íntima, deve o ser humano cultivar a vontade firme e consciente de que ela é o melhor instrumento que possui para ser mais feliz e vencer tanto na caminhada material quanto na espiritual, paralelas que são.

2.5. *Desvantagens para o orgulhoso e egoísta*

Em primeiro lugar, o egoísmo e o orgulho vedam ao ser humano, à necessidade da Reforma Íntima.

Tornam o encarnado insensível aos verdadeiros valores da vida e à sua essência cristã, o que o infelicita no mais profundo dos seus âmagos, gerando-lhe um estado de amargor e tristeza espirituais, conscientes ou não.

Reduzem-no a um ser derrotado, submisso aos reclamos do mal e cético quanto à prática do bem.

2.6. Pensando

"Pois que aproveita ao homem ganhar o mundo inteiro e perder a sua vida?" Marcos 8:36-37

LE Q: 913 Entre os vícios, qual o que podemos considerar radical?

Já o dissemos muitas vezes: o egoísmo. Dele se deriva todo o mal. Estudai todos os vícios e vereis que no fundo de todos existe o egoísmo, por mais que luteis contra eles, não chegareis a extirpá-los enquanto não os atacardes pela raiz, enquanto não lhes houverdes destruído a causa. Que todos os vossos esforços tendam para esse fim, porque nele se encontra a verdadeira chaga da sociedade.

Lutar ou não? Essa indagação muitos encarnados se fazem a fim de avaliar a utilidade do complexo empreendimento da Reforma Íntima.

Inevitáveis serão os conflitos internos, pois tudo estará em ebulição. Um dos entraves a ser removido é a ausência ou dormência da autocrítica.

Não que todos os seres humanos se considerem perfeitos. Expressam aos outros que não o são, por certo, intimamente, porém, acham que são menos errados que o seu vizinho, portanto mais perfeitos que o próximo. Aí, a chave inicial do insucesso na Reforma Íntima.

LE Q: 909. Poderia sempre o homem, pelos seus esforços, vencer as suas más inclinações?

"Sim, e, frequentemente, fazendo esforços muito insignificantes. O que lhe falta é a vontade. Ah! Quão poucos dentre vós fazem esforços!"

LE Q: 919 Qual o meio prático mais eficaz que tem o homem de se melhorar nesta vida e de resistir à atração do mal?

"Um sábio da antiguidade vo-lo disse: Conhece-te a ti mesmo."

Ao identificar os vícios que predominam em mim, eu sou capaz de domar essas inclinações, dando a ela uma destinação diferente, para o bem coletivo.

A persistência do indivíduo no descobrimento dos próprios defeitos ampliará consideravelmente o âmbito de possibilidades de êxito. Somente quem sabe os males que possui, pode curá-los.

Após ter assimilado a autocrítica, o segundo passo será agir com sinceridade. Sinceridade prevê a vontade de ouvir críticas para poder solucionar problemas.

3. HUMILDADE

3.1. Definição

Humildade é a qualidade de quem age com simplicidade, uma característica das pessoas que sabem assumir as suas responsabilidades, sem arrogância, prepotência ou soberba.

3.2. Evangelho

"Bem-aventurados os pobres de espírito, porque deles é o Reino dos Céus". (Mt., 5:3)

"Não façais por espírito de partido ou vanglória, mas com humildade, considerando aos outros superiores a vós mesmos." Paulo (Fp., 2:3)

O espírito de competição e de vanglória é próprio daqueles que querem ser maior entre os homens. Estes vivenciam uma conciliação puramente exterior com Deus. Esquecem-se de que é mais real a satisfação interior na consciência em paz do que, a glória exterior perante os homens na consciência em conflito.

Só é humilde aquele que tem consciência de Deus e da sua essência como amor. Geralmente, o orgulho é decorrência da falta de convicção em Deus e em si mesmo. Grande é aquele que reconhece a própria pequenez ante a vida infinita. Aquele que sente a grandeza da essência de sua alma, aquele que se sente feliz interiormente, não precisa da aprovação dos homens. A alegria interior é oposta à alegria do mundo. O verdadeiro humilde não se sabe humilde.

"Todo o que se exalta será humilhado, todo o que se humilha será exaltado." (Lc., 14: 11)

É assim que Jesus vivenciou em si mesmo seus ensinamentos. Fez-se o menor perante os homens, mas era o maior de todos, perante Deus. Demonstrou que os valores do mundo são inversos aos valores do espírito.

Da injustiça dos homens, ensinou-nos a justiça perante Deus; vítima do ódio dos homens, deixou uma lição de amor; na humildade da manjedoura, ensinou-nos a grandeza perante Deus. Rebaixou a si mesmo, igualando-se aos homens da época, vivendo entre os marginalizados e excluídos da sociedade. Vítima de traição, de abandono, de zombarias, de falsos testemunhos dos homens, vivenciava, no entanto, a glória da consciência tranquila, vivificada pela alegria de seu coração. E assim, o menor entre os homens da época, fez-se o maior perante Deus.

3.3. Compreendendo

A verdadeira humildade é aquela que faz as pessoas enxergarem as próprias potencialidades e limitações, dando a medida exata de ambos. Ela nos auxilia a tomar consciência de nossas limitações, alertando-nos a tomar sempre o caminho do meio, da ponderação, do justo procedimento. Os nossos desejos são infinitos; atendendo-os, podemos nos tornar prepotentes. A humildade ensina-nos a administrá-los de acordo com os nossos recursos pessoais, para não darmos o passo maior do que a perna.

Evolução é a atualização das virtudes inscritas em nossa consciência. Se não formos humildes, como vamos detectar com clareza essas potencialidades? Observe o orgulhoso: ele geralmente se acha mais merecedor de elogios, de cuidados, do que os outros. Com isso, dificulta o verdadeiro conhecimento de si mesmo. Falta-lhe a autenticidade, ou seja, ver as coisas como realmente elas são.

A evolução é o instrumento necessário para que os degraus evolutivos sejam vencidos.

Trabalhar em nós a humildade torna o homem mais dócil e compreensivo, faz com que saiba perdoar, eleva-o à harmonia celestial, deixando-se à mercê dos bons conselhos, granulam-se ao seu redor os lumes da esperança perpétua e consolida-se o seu universo de paz.

Em conclusão, a Reforma Íntima garante a evolução, seja no

cenário global das várias encarnações, ou no contexto específico daquela em que está se vivendo.

E a humildade é uma dessas ferramentas preciosas para o trabalho de Reforma Íntima.

4. INVEJA

4.1. Definição

Inveja é o desejo de possuir um bem que pertence ao outro. É um sentimento de inferioridade e de desgosto diante da felicidade do outro. É um sentimento de cobiça da riqueza, do brilho e da prosperidade alheia.

4.2. Evangelho

"Vigiai e orai para não entrardes em tentação". Jesus (Marcos, 14:38.)

Busquemos indagar por que em algumas vezes temos sentimento de inveja ou ciúmes. Quais as causas que nos levam a deixar-se envolver por tal sentimento? Será por apego, por inconformação? É possível sermos felizes em profundidade, quando ainda invejamos o próximo? Que tipo de sentimento experimentamos nesses momentos?

4.3. O Livro dos Espíritos

LE Q. 933 Inveja e Ciúme! Felizes os que não conhecem esses dois germes vorazes. Com a inveja e o ciúme não há calma, não há repouso possível. Para aquele que sofre desses males, os objetos da sua cobiça, de seu ódio e do seu despeito se erguem diante dele como fantasmas que não o deixam em paz e o perseguem até no sono. O invejoso e o ciumento vivem em um estado de febre contínua.

Os sofrimentos materiais são, às vezes, independentes de nossa vontade, mas a inveja, o ciúme, todas as paixões são suplícios voluntários, que tornam o homem escravo de seus próprios sentimentos.

Às vezes, a inveja não tem um objeto determinado, mas há pessoas que se mostram naturalmente ciumentas de todos aqueles que parecem estar em um plano superior, seja do ponto de vista material, social, profissional e até mesmo espiritual. Há aqueles que se sentem diminuídos diante daqueles que se elevam, e que saem da vulgaridade, mesmo quando não tenham nenhum interesse direto, mas simplesmente porque não podem atingir o mesmo plano. Tudo aquilo que está acima de seu horizonte os incomoda.

No entanto, como é possível praticar o "amar ao próximo como a si mesmo", se ainda se pretende elevar-se acima dos outros? Tal sentimento paralisa a sensibilidade amorosa da alma. Como ser feliz, como vivenciar a alegria do amor e ao mesmo tempo se comprazer em ver o próximo em uma situação inferior? Será que isso satisfaria nossa consciência perante os homens, ou perante Deus?

4.4. Compreendendo

A primeira causa do sentimento de inveja é o desejo de possuir algo que vemos em alguém ou na propriedade de alguém. Platão já dizia que se não existe uma sociedade ideal é porque o homem vive desejando o que não tem. Isso se explica pelo apreço que se dá aos valores transitórios da existência.

Só temos inveja pela importância que damos às coisas deste mundo.

LE Q: 926 O mais rico é o que tem menos necessidades. Quem quiser, pois, ser verdadeiramente rico, não aumente a riqueza material apenas, mas altere sua forma de ver a vida. Na verdade, não é pobre o que tem pouco, mas sim o que deseja muito.

A inveja ou o ciúme são um sentimento moral que parte de nossos pensamentos. Ciumento é aquele que coloca lentes de aumento em coisas insignificantes. Invejoso é aquele que faz de pequenas, grandes coisas que transformam momentos passageiros e ilusórios, em verdades eternas.

5. O DESPRENDIMENTO

5.1. Definição

Comportamento ou característica de abnegado; qualidade da pessoa que não tem interesse por dinheiro; altruísmo ou desapego.

5.2. Evangelho

"Aprendei a contentar-vos com pouco." [34]

5.3. Pensando

Geralmente o homem possui uma preocupação excessiva com os bens materiais, enquanto dá pouca importância ao aperfeiçoamento moral, o único que será levado em conta na eternidade.

Há bens infinitamente mais preciosos que os do mundo, e

34 KARDEC, Allan Evangelho Segundo o Espiritismo cap XVI item 14 Não se pode servir a Deus e a Manon.

esse pensamento deve nos ajudar a nos desprender deles. Quanto menos importância dermos às coisas do mundo, menos sensíveis seremos à inveja e menos sofreremos pela nossa condição. O homem só é infeliz, geralmente, pela importância que liga às coisas desse mundo. A vaidade, a ambição e a cupidez fracassada o fazem infeliz.

Se ele se elevar acima do círculo estreito da vida material, se elevar seu pensamento ao infinito, que é o seu destino, as vicissitudes da humanidade lhe parecerão mesquinhas e pueris.

5.4. O Livro dos Espíritos

LE Q: 933 Não se trata de não desfrutar das coisas do mundo. É próprio do homem sábio usar as coisas e ter nisso a maior alegria possível. O que importa é não depender, não se apegar às coisas mundanas, ou seja, permanecer senhor de seus sentimentos, em vez de escravo.

5.5. Compreendendo

Importa, portanto, querermos ser mais puros, para ser mais livres; mais alegres porque é mais ponderado; mais serenos porque menos dependentes. Se não tivermos muito, contentemo-nos com pouco, persuadidos de que os que menos necessitam da abundância, desfrutam-na com maior prazer. Em uma sociedade simples, o pão e a água não faltam quase nunca, mas na sociedade rica, o ouro e o luxo sempre faltam.

Como ser felizes, uma vez que somos insatisfeitos? Na verdade, não é o ter pouco que importa, é o poder interior, o contentamento; isto é uma virtude. Que virtude mais feliz e mais humilde, que graça de se sentir feliz pelo que se é e pelo que se tem, ou seja, ser grato.

6. ÓDIO

6.1. Definição

O ódio é uma manifestação dos sentimentos ainda primitivos do homem natural ou animal, que ainda guarda no espírito resquícios do instinto de conservação, sob as formas de defesa, de resistência. Se em seu estado natural, primeiro, o homem reagia fisicamente à agressão exterior, essa reação agora transferiu-se para questões morais: não reagimos apenas a agressões físicas, mas a toda situação em que nosso amor-próprio for ferido.

6.2. Evangelho

"Se ponderasse que a cólera nada soluciona, que lhe altera a saúde e compromete a sua própria vida, reconheceria ser ele próprio a sua primeira vítima. Mas, outra consideração, sobretudo, deveria contê-lo, a de que torna infelizes todos os que o cercam. Se tem coração, não sentirá remorsos por fazer sofrer as pessoas que ama?"[35]

6.3. Evidências

Em geral, o ódio é despertado por humilhações sofridas, ou quando injustiçados, maltratados, traídos no afeto, na confiança, ou quando ofendidos. São as maneiras de não aceitação das ofensas recebidas. Atingidos em nosso orgulho, sentimo-nos assim e permanecemos, então, ruminando inconformações. - É o amor-próprio ferido. Diz-nos Joanna de Ângelis, através de Divaldo

35 KARDEC, Allan Evangelho Segundo o Espiritismo cap IX Item 9 Bem aventurados os que são brandos e pacíficos.

Franco, em O Ser Consciente, que "o amor-próprio deve ser revisto, a fim de ser substituído pelo auto amor profundo, sem resquícios egoísticos, geradores do personalismo doentio que nos leva a conflitos perfeitamente evitáveis".

Existe ainda casos de antipatia irrefletida, indecifrável, que por vezes sentimos, e que explicam ódios recônditos de outras existências.

As manifestações de ódio são ainda sempre intensificadas por espíritos inferiores, toda vez que abrimos campo para infiltrações maldosas, ou descemos nosso nível vibratório ao alcance deles.

6.4. Compreendendo

É muito infeliz aquele que necessita odiar. E quão feliz é aquele que ama, que vive essa alegria interior, e a faz espargir a todos ao seu redor. O ódio é tão contrário à nossa natureza, que suas pesadas vibrações acabam por afetar nossa própria saúde. A maior parte das doenças não está no físico, mas é causada pelos próprios sentimentos negativos que alimentamos.

A maioria de nós homens, tem momentos de fraqueza, em que vivenciamos por vezes sentimentos negativos, nas situações até mais insignificantes. No entanto, essas vivências não excluem a possibilidade de o indivíduo ser virtuoso ou de possuir um coração amoroso. O ódio, porém, constitui o maior obstáculo ao amor, e portanto o maior obstáculo à felicidade. Por vezes, desperdiçamos momentos ricos de iluminação interior, jogando toda uma vida, mantendo-nos imantados a alguém pelo sentimento de ódio. Importa, pois, superar esse sentimento contrário à principal lei que rege as relações entre os homens: a lei do amor.

6.5. Superar?

Assim, quando o espírito tem sua atenção constantemente dirigida para as consequências desse mal, melhor compreende os seus inconvenientes e trata de se corrigir. A correção é fundamental, pois de pouco adiantaria o arrependimento do mal praticado, se não se buscassem alternativas de refazimento do mal, se não se buscassem alternativas de refazimento do caminho. Quanto mais a demora, mais a angustia consome por meio de remorso, o estado emocional da criatura, na faixa que lhe é própria, chegando, em certos casos, a até acarretar doenças. As enfermidades do espirito atormentam as forças da criatura, em processo de corrosão do corpo.

6.5.1. NO CASO DOS PENSAMENTOS: Buscando afastar de nossos pensamentos as ideias de revide, os planos de vingança, os propósitos de reivindicar direitos por ofensas injustas. Para tanto, devemos alimentar os nossos pensamentos com ideias de compreensão, de tolerância, de perdão, de renúncia. Buscar desarmar os revides que estamos lançando ao próximo. Não importa qual será a reação de nosso opositor, importa o que se passa dentro de nós.

6.5.2. NO CAMPO DAS PALAVRAS: Conter as palavras que podem ser pronunciadas com resquícios de ódio, rancor, é o grande desafio para aqueles que buscam uma conduta pautada segundo os moldes evangélicos. Importa lembrar que as palavras são emitidas carregadas da vibração daquele que emite e podemos comprometer seriamente nosso próximo.

"Podemos incluir no campo das palavras o silenciar na hora propícia. É melhor arrepender-se por algo que deixamos de falar do que por algo que já foi dito, e não podermos mais voltar atrás. Mas, por que uma simples palavra pode ter tamanha gravidade, para merecer tão severa reprovação? - É que toda palavra ofensiva exprime um sentimento contrário à lei de amor e caridade, que deve regular as relações entre os homens, mantendo a união e a concórdia.

6.5.3. NO CAMPO DOS SENTIMENTOS: "Bem-aventurados os mansos, porque eles possuirão a Terra." (Mt 5:5) "Bem-aventurados os pacíficos, porque serão chamados filhos de Deus." (Mt. 5:9)

Por estas máximas, Jesus estabeleceu como Lei a doçura, a mansuetude, a afabilidade e a paciência. E, por consequência, condenou a violência, a cólera, e toda expressão descortês para com os semelhantes.

Mas por que a doçura e afabilidade são consideradas virtudes? Porque a doçura é uma força (virtus); é força em estado de paz, força tranquila e doce, cheia de paciência e de mansuetude. É uma coragem sem violência, uma força sem dureza, é amor em estado de paz, mesmo na guerra, tanto mais forte quanto mais sustenta os combates. O ódio é uma fraqueza, mas o amor é força. Não se deve portanto confundir a doçura com passividade, mas antes como poder sobre si, força interior o que só se descobre na ação.[36]

7. O PERDÃO

7.1. Definição

Perdão é a ação humana de se livrar de uma culpa, uma ofensa, uma dívida etc. O perdão é um processo mental que visa à eliminação de qualquer ressentimento, raiva, rancor ou outro sentimento negativo sobre determinada pessoa ou por si próprio.

7.2. Evangelho

"Se perdoardes aos homens as ofensas que vos fazem, também vosso Pai Celestial vos perdoará os vossos pecados." (Mt. 6: 14)

Perdão é complemento da mansuetude, pois os que não são mansos e pacíficos não conseguem perdoar. Geralmente aquele que não consegue perdoar é uma alma sempre inquieta, insatisfeita consigo mesma, de uma sensibilidade amargurada.

7.3. Compreendendo

Aquele que perdoa é calmo, liberto, cheio de mansuetude. Perdoar alguém é receber perdão do Pai, pois libertamos a nós mesmos perante Deus. Espíritas, não esqueçais nunca que, tanto por palavras como por atos, o perdão das injúrias não deve ser uma expressão vazia. Pois, se vos dizeis espíritas, sede-o de fato: esquecei o mal que vos tenham feito, e pensai apenas numa coisa: no bem que possais fazer.

"Mas há duas maneiras bem diferentes de perdoar: há o perdão dos lábios e o perdão do coração. Muitos dizem "eu perdoo,

---

36 KARDEC, Allan Evangelho Segundo o Espiritismo cap IX Item 4 Bem aventurados os que são brandos e pacíficos.

mas nunca esquecerei do que ele me fez." Ora, este não é o verdadeiro perdão. O que é, de fato, perdoar? Segundo a referida passagem do Evangelho, o verdadeiro perdão consiste em esquecer o mal que nos tenham feito. No entanto, não podemos entender o "esquecimento" a que o Evangelho nos convida como o fato de "apagar as faltas" de alguém, pois não podemos considerar o que já aconteceu como anulado, como se não tivesse acontecido. Perdoar não é apagar os fatos, mas apagar o sentimento negativo em nós, ou seja, o verdadeiro perdão consiste em cessar de odiar. Perdão é a "virtus" que triunfa sobre o ódio, sobre o rancor. Perdoar é renunciar à vingança, é deixar de odiar e, por isso, quem ama verdadeiramente nem precisa perdoar, pois nunca se magoa. " Jesus era consumido por um amor, mas um amor universal, e por isso dizia, mesmo ao ser sacrificado.[37]

"Pai, perdoa-lhes, eles não sabem o que fazem. " (Lc, 23 :34)

7.4. Reconciliar

Cristo, Paulo e Estevão, deram-nos exemplos desse perdão sem condições, desse perdão que é uma conquista libertadora e não uma troca, e que é a maior vitória sobre si mesmo. Reconciliar não é deixar de combater o erro, mas combater o adversário "dentro de nós".

"Se estás fazendo a tua oferta perante o altar, e te lembrar que teu irmão tem algo contra ti, deixa ali tua oferta diante do altar e vai te reconciliar primeiro com teu irmão (...)(Mt, 5:23-24)

Jesus nos ensina que o amor e o ressentimento não podem coexistir. Se objetivamos a espiritualidade, se aspiramos à

37 KARDEC, Allan Evangelho Segundo o Espiritismo cap X Item 15 Bem aventurados os que são Misericordiosos.

transcendência, se buscamos a alegria interior pela vivência do amor, se nos propomos a dedicarmos, "diante do altar de Deus" e da nossa consciência, ao espírito de missão, não podemos "manchar" a pureza da nossa busca com o ódio. Ao entrar no templo da interioridade, importa não ter nenhum sentimento negativo, caso contrário não conseguiremos a comunhão essencial com Deus.

8. IINIMIGO

8.1. Definição

Ato de retribuir o mal que supostamente nos foi feito. Ato de castigar o próximo pelo sofrimento ou lesão causada.

8.2. Evangelho

"Amai os vossos inimigos, fazei o bem aos que vos odeiam, e orai pelos que vos perseguem e caluniam, para serdes filhos de vosso Pai, que está nos céus, o qual faz nascer o seu sol sobre bons e maus, e vir chuva sobre justos e injustos." (Mt, 5:44)

8.3. Como se manifesta?

A vingança se manifesta em nosso íntimo como uma reação carregada de forte emoção, por uma ofensa ou agressão dirigida a nós ou mesmo a outrem. São formas de revide em discussões acaloradas, ou propósitos violentos diante de crimes cometidos a familiares. Em geral, são as emoções muito fortes de ódio que levam ao desequilíbrio e que consequentemente desencadeiam lutas corporais, discussões, e até mesmo atos criminosos. A vingança é um dos últimos resíduos dos costumes bárbaros, que tendem a desaparecer dentre os homens (..) é um índice seguro do atraso dos homens que a ela se entregam, e dos espíritos que ainda podem inspirá-la. Portanto, meus amigos, esse sentimento jamais deve fazer vibrar o coração de quem quer que se diga e se afirme espírita.

Embora não sejam as ocorrências de vingança revestidas de tanta crueldade como nos tempos bárbaros, elas ainda são muito frequentes em nossos dias. Talvez sua manifestação não seja tão bruta como nos tempos dos bárbaros, mas o sentimento incontido continua a habitar o interior do homem. Toda falta de equilíbrio, de domínio sobre si mesmo e de seus atos é indício de atraso do espírito. [38]

8.4. Por que superar?

Para não sofrermos. O ódio e o rancor provocam tristeza em quem os sente. A misericórdia, ou seja, o renunciar à vingança, é um sentimento de libertação, portanto de alegria. Querer vingar-se é estar preso, é ser escravo de si mesmo.

Como podemos galgar degraus na marcha evolutiva, como podemos aspirar à espiritualidade se ainda estamos imantados a outros indivíduos por correntes de ódio?

Se o outro errou, cabe no entanto a nós evitar manchar nosso perispírito para não sermos infratores às leis de causa e efeito, de ação e reação, para não fazermos ao próximo o que não gostaríamos que alguém nos fizesse.

O espírita tem ainda mais um motivo para ser misericordioso: os inimigos desencarnados. A morte pode livrá-lo da presença material apenas, mas estes podem continuar a manifestar seu ódio,

38 KARDEC, Allan Evangelho Segundo o Espiritismo cap XII item 9 Amai os vossos inimigos.

gerando assim obsessões e subjugações, a que tantas pessoas estão expostas... não se pode apaziguá-los senão pelo sacrifício dos maus sentimentos, ou seja, pela caridade.[39]

8.5. Compreendendo

Mantendo-nos vigilantes, no sentido de manter a harmonia e o equilíbrio interior, evitando deixar envenenar-se por pensamentos insistentes de revide. Lembremos que a justiça divina está acima da justiça dos homens.

9. MISERICÓRDIA

9.1. Definição

Sentimento de dor e solidariedade com relação a alguém que sofre uma tragédia pessoal ou que caiu em desgraça; compaixão, piedade, ato concreto de manifestação desse sentimento, como o perdão; indulgência, graça, clemência.

9.2. Evangelho

"Sede, pois, misericordiosos, como também vosso Pai é misericordioso." (Lc, 6:36)

Misericórdia consiste na própria virtude do perdão. Deixar de julgar, de odiar, é essa a definição de misericórdia. É a virtude que triunfa sobre o ressentimento, sobre o ódio justificado por nós mesmos, sobre o rancor, o desejo de vingança ou de punição. Trata-se de vencer o ódio em nós, se não pudermos vencer o ódio no outro. Importa sermos capazes de nos dominar, na impossibilidade de dominar o outro. Trata-se de, pelo menos,

39 KARDEC, Allan Evangelho Segundo o Espiritismo cap XII item 6 Amai os vossos inimigos.

alcançar a vitória sobre o mal, de não somarmos ódio ao ódio, de neutralizarmos o ódio com o amor.

"Bem-aventurados os misericordiosos, porque eles alcançarão misericórdia." (Mt, 5:7)

Além de ser a virtude do perdão e de renúncia ao revide, a misericórdia implica necessariamente em brandura e pacificação, molduras que ornamentam os traços nítidos do perdão e da tolerância. A misericórdia é o complemento da brandura, pois os que não são misericordiosos também não são mansos e pacíficos.

9.3. Compreendendo

A misericórdia só existe se acompanhada de brandura, ou seja, um estado de equilíbrio, de paz interior, que não se deixa abalar, mesmo em momentos de conflito. A brandura é a virtude da flexibilidade, da adaptabilidade, do desapego. É assim que a brandura e a doçura em relação aos infortunados tornam-se bondade; em relação aos culpados, tornam-se misericórdia. No entanto, se ainda não conseguimos o amor aos inimigos como Jesus nos ensinou, cessemos ao menos de odiar. Façamos o bem com o menor mal possível ao outro. Se são felizes os misericordiosos que combatem o mal sem ódio no coração, sejamos, pois, misericordiosos também para com nós mesmos.

9.4. Amar o Inimigo

"Amai os vossos inimigos, fazei o bem aos que vos odeiam, e orai pelos que vos perseguem e caluniam, para serdes filhos de vosso Pai, que está nos céus, o qual faz nascer o seu sol sobre bons e maus, e vir chuva sobre justos e injustos."(Mt, 5:44)

Jesus não quis dizer com isso que tenhamos por um inimigo

o mesmo amor que temos por um amigo. Não podemos ter confiança naquele que acreditamos nos querer mal. Amar os inimigos é perdoar-lhes sem segunda intenção e incondicionalmente. Não é verdadeiro o perdão que se dá vinculado a uma condição, mas sim o perdão pelo perdão. O perdão condicional não é sincero, mas está preso a uma hipótese, a uma troca, portanto não é libertador. A misericórdia é uma virtude em si mesma, ser misericordioso como o Pai é, e vivenciar um sentimento universal sem distinção, sem discriminação. Esse sentimento universal aumenta à medida que diminuímos a superestima por nossa subjetividade. Se a misericórdia é virtude, ela deve valer por si mesma, e não subjetivamente. Aquele que só é justo com os justos, misericordioso com os misericordiosos, não pode ser considerado nem justo nem virtuoso. A virtude não pode ser considerada um mercado de trocas; se assim fosse deixaria de ser virtude.[40]

9.5. Reconciliar

"Reconcilia-te com teu adversário enquanto estás a caminho com ele (..)."(Mt., 5:25)"

Quando Jesus nos recomenda a reconciliação com o adversário o mais cedo possível, não nos ensina apenas a evitar discórdias no presente, mas a evitar que elas se perpetuem no futuro. Que possamos superar eventuais sentimentos negativos que ainda alimentemos contra alguém o quanto antes, antes que seja tarde demais. Que possamos agir hoje de forma a nada termos de nos arrepender amanhã. Isso não significa que devamos tolerar

40 KARDEC, Allan Evangelho Segundo o Espiritismo cap XII item 3 Amai os vossos inimigos.

os abusos dos brutos.

10. MALEDICÊNCIA

10.1. Definição

Característica ou particularidade da pessoa maledicentes. Ato ou aptidão para falar mal dos outros; cuja intenção é denegrir; difamação. Fala injuriosa ou maldosa.

10.2. Evangelho

"Por que vês tu, pois, o argueiro no olho de teu irmão, e não vês a trave no teu olho?" dos caprichos da Humanidade é ver cada qual o mal alheio antes do próprio. Por que condenar nos outros o que desculpamos em nós? Antes de criticar alguém, consideremos se a própria reprovação não nos pode ser aplicada. Quando criticais, que dedução se pode tirar das vossas palavras? A de que vós, que censurais, não praticastes o que condenais, e valeis mais que o culpado . Se nos julgarmos superiores àquele que criticamos é porque ainda somos movidos pelo orgulho, pelo amor-próprio. Eis no fundo o móvel de nossas palavras.[41]

Comprazemo-nos na eventual supremacia de nossas qualidades, satisfazemo-nos com o capricho do EU SUPERIOR. Ao invés de uma postura espiritualizada que visa ao bem sincero do próximo, estamos antes satisfazendo o nosso próprio ego. O homem autêntico se ama como é e não como gostaria de ser visto. É isso que distingue o amor a si, do amor-próprio.

---

41 KARDEC, Allan Evangelho Segundo o Espiritismo cap X Item 16 Bem aventurados os que são Misericordiosos.

10.3. Compreendendo

O maledicente é um atormentado que se debate na sua própria condição espiritual inferior, pois tem a visão do mundo tomada pelas pesadas lentes que carrega. Há aqueles que se comprazem em comentar os defeitos alheios, sentem uma certa satisfação por encontrar os outros em falta. Tal atitude é contrária a caridade, pois a verdadeira caridade é simples, modesta e indulgente.[42]

É contra o princípio cristão, segundo o qual não devemos fazer ao próximo o que não queremos para nós mesmos. Como nos sentiríamos se ouvíssemos alguém fazer um comentário pernicioso acerca de nossa pessoa?

10.4. Como superar?

Tanto quanto possível busquemos extinguir esse sentimento conflitante que nos domina e impede nossa serenidade, nossa paz íntima, buscando afastar o hábito de criticar a quem quer que seja.

Sede pois severos convosco e indulgentes para com os outros.

Ao invés de evidenciar erros e falhas em nosso lar, transformemos o ambiente através de esclarecimentos tranquilos e objetivos. Nessas ocasiões, as palavras suaves e o coração indulgente exercem uma atuação benfazeja, qual lenitivos para a alma.

De acordo com mensagem de Irmão X, denominada "Os Três Crivos", analisemos se nossas palavras passam primeiramente pelo crivo da verdade, depois pelo crivo da bondade, e, por fim,

---

42 KARDEC, Allan Evangelho Segundo o Espiritismo cap X Item 10 Bem aventurados os que são Misericordiosos

pelo crivo da necessidade.

11. IMPACIÊNCIA

11.1. Definição

Falta de paciência, pessoa que não sabe esperar, inquieta, ansiosa.

11.2. Evangelho

A paciência é também caridade e deveis praticar a lei de caridade ensinada pelo Cristo, enviado de Deus. [43]

11.3. Causa

Geralmente somos impacientes quando manifestamos inconformação com nós mesmos ou com alguma situação que não podemos mudar, quando expressamos irritação por não alcançarmos determinado objetivo, quando temos urgência com relação a valores imediatos. Somos ainda intolerantes quando não perdoamos, quando exigimos que os outros - e todo o mundo - sejam tal qual gostaríamos. A intolerância tem como causa a austeridade, a severidade exagerada, a não- aceitação de infrações que alguém possa cometer.

11.4. Como superar?

Tolerar consiste em não exigir; compreender e respeitar as condições ou limitações das pessoas. Mais do que isso, tolerar não é suportar, mas encarar a todos com o pressuposto de que possuem uma essência espiritual, e enquanto tal são

---

43 KARDEC, Allan Evangelho Segundo o Espiritismo cap IX Item 7 Bem aventurados os que são brandos e pacíficos.

necessariamente dotadas de bons sentimentos, e com infinitas potencialidades latentes a serem manifestas.

Ser paciente consiste, portanto, em eliminar a intransigência em nossas análises críticas em relação ao próximo; evitar comentários desairosos; afastar sentimentos de mágoa ou inconformação por algo contrário à nossa vontade.

Sede indulgentes, meus amigos, porque a indulgência atrai, acalma, corrige, enquanto o rigor desalenta, afasta e irrita.

12. OMISSÃO

12.1. Definição

É o ato ou efeito de omitir. É o deixar de fazer, dizer ou escrever. É o não agir quando se esperaria que o fizesse.

12.2. Evangelho

Portanto, pensem nisto: *"Quem sabe que deve fazer o bem e não o faz comete pecado." Tiago 4:17*

12.3. Compreendendo

Pela ação ou pela omissão podemos cometer delitos contra o nosso semelhante. Quando fazemos o mal deliberadamente, estamos intrincando a nossa situação, pois esta ação que, por vontade própria, prejudica a outrem.

Mas existe uma outra forma de imperfeição, é o mal que surge pela consequência da omissão. Fazer o bem é imperativo da Lei divina.

Pela ótica da Justiça Divina, o compromisso de cada criatura é maior do que o homem ainda compreende. Paulo, em Efésio,4:14 asseverava: *"Desperta, tu que dormes."* Dormir diante da vida, é estar ausente do dever, ato que todos devemos compartilhar, num processo necessário para a evolução pessoal.

O objetivo da encarnação além do aperfeiçoamento, é a de pôr o espírito em condições de enfrentar a sua parte na obra da criação. Neste sentido, omitir é desertar do compromisso de fazer a nossa parte no desenvolvimento de um mundo melhor e mais justo.

CAPÍTULO VIII - VENCENDO COM ESTUDO CONTÍNUO

1. *EVANGELHO*

"Assim resplandeça a vossa luz diante dos homens." Mateus 5: 16

2. *O ESPIRITISMO*

As descobertas da ciência revelam as Leis de Deus; e contrariar a ciência é contrariar a leis divinas. Portanto, a Doutrina Espírita atualiza-se constantemente, acompanhando passo a passo as descobertas.

Kardec "O Espiritismo, avançando com o progresso, jamais será ultrapassado, porque, se novas descobertas lhe demonstrarem que está em erro acerca de um ponto, ele se modificará nesse ponto; se uma verdade nova se revelar, ele a aceitará" [44]

De modo geral, a grande maioria de nossa população ainda não adquiriu o hábito de leitura, tão salutar para a saúde da alma

44 KARDEC, Allan A Gênese cap 1 - Caracteres da Revelação Espírita.

quanto o alimento para o corpo. Este é um trabalho que se deve iniciar desde a infância, com a ajuda dos pais.

Quando se inicia no Espiritismo uma das primeiras recomendações aos iniciantes é de que estudar é preciso! Primeiramente o estudo sistemático das Obras Básicas da Codificação e ao avançar, às obras sérias de cunho mediúnicos ou não.

"Espíritas! Amais vós, ei o primeiro ensinamento; instruí-vos, eis o segundo" Evangelho Segundo Espiritismo, capítulo 6, item 5

Cada um deve ser o responsável em acender a própria luz, sem o que é impossível se auto libertar. Cada um a seu tempo deve adquirir sua própria luz, se auto educando continuamente, sem o que é impossível despertar em si a luz interior.

Kardec nos assevera a necessidade de perseverança e seriedade no estudo da Doutrina. Na sua ótica o grande pensador deixou-nos algumas instruções, convocando-nos ao estudo que conjuga a leitura como fonte primária de informações, a reflexão, a comparação e o julgamento.

CAPÍTULO IX - ONDAS MENTAIS

1. PENSAMENTO

É muito importante o estudo sobre o pensamento, seus poderes e sua ação, pois é a causa inicial de nossa elevação ou de nosso rebaixamento. Geralmente, no dia - a - dia, refletimos os vários pensamentos incoerentes do meio em que vivemos e raramente pensamos por nós mesmos. Poucos homens sabem viver do próprio pensamento, e do reservatório imenso de riquezas que possuem em si mesmos. Fazemos parte de vários tipos de ambiente, onde os raios do bem coexistem com os raios do mal, e o espírito passa a assimilar tais sugestões, tornando-se habitação para todo tipo de pensamento. É importante aprender a fiscalizar os pensamentos, discipliná-los e imprimir-lhes rumo nobre e digno. É assim que o Espiritualismo experimental, em especial a obra Mecanismos da Mediunidade, de André Luiz, permite-nos perceber e compreender toda a força da projeção do pensamento, que é o princípio da comunhão universal.

2. *COMPREENDENDO*

O pensamento é criador. Atua não somente em volta de nós, influenciando nossos semelhantes para o bem ou para o mal, mas atua sobretudo em nós mesmos.

Assim como Deus projeta seu pensamento criando seres e mundos, nosso pensamento também está continuamente atuando sobre terceiros, elevando ou não o ambiente em que estejamos. Seja em momentos insignificantes ou através de grandes obras, o homem está sempre inspirando ideias, transmitindo sentimento e emoções, cuja vibração poderá influenciar, para o bem ou para o mal, segundo a natureza do pensamento. Somos obreiros do pensamento. Sempre que pensamos, expressando o campo íntimo na ideação e na palavra, na atitude e no exemplo, criamos formas-pensamentos ou imagens-moldes qual uma televisão que arrojamos para fora de nós, pela atmosfera psíquica que nos caracteriza a presença. Sobre todos os que nos aceitem o modo de sentir e de ser, consciente ou inconscientemente, atuamos à maneira do hipnotizador sobre o hipnotizado, verificando-se o inverso, toda vez que aderimos ao modo de ser e de sentir dos outros.

Por outro lado, enquanto obreiros do pensamento, atuamos sobretudo sobre nós mesmos. Nossos pensamentos geram nossas palavras, nossas ações, nossos momentos e com ele construímos o edifício de nossa vida presente e futura. Modelamos nossa alma e seu invólucro com os nossos pensamentos; estes produzem formas ou imagens que se imprimem na matéria sutil de nosso perispírito.

3. *FUNDAMENTOS*

A substância de todos os fenômenos do espírito consiste no pensamento ou na radiação mental, a expressar-se por ondas de múltiplas frequências. Comparando essas ondas à onda hertziana, o nosso cérebro funciona como um aparelho emissor e receptor ao mesmo tempo. André Luiz, em Mecanismos da Mediunidade, compara nosso pensamento a uma televisão: "De igual maneira, até certo ponto, o pensamento, a reformular-se em ondas, age de cérebro a cérebro, quanto a corrente de elétrons, de transmissor a receptor em televisão."[45]

É assim que, sempre que pensamos, criamos formas-pensamentos ou imagens-moldes. O campo espiritual de quem sugere os pensamentos assemelha-se à câmera de imagens do transmissor vulgar. Assim como a televisão possui como implementos as peças empregadas para a emissão e recepção das correntes eletrônicas, o cérebro, ou cabine de manifestação do espírito, possui nas células os implementos que lhe permitem exteriorizar as ondas que lhe são características, a transportarem consigo estímulos, imagens, vozes, cores, palavras e sinais múltiplos, através de vias aferentes e eferentes, nas faixas de sintonia natural. É assim que, cada um de nós, dispõe de oscilações mentais próprias, pelas quais entra em combinação espontânea com as ondas de outras entidades, encarnadas ou desencarnadas, que se lhe afinem nos interesses e nas inclinações. Cada espírito, pelo poder vibratório de que seja dotado, imprimirá aos seus recursos mentais o tipo de onda que

45 XAVIER,Francisco C. André Luiz Mecanismos da Mediunidade.

lhe define a própria personalidade.

4. DIRECIONANDO

4.1. Vontade

Para manejar as correntes mentais, em serviço das próprias energias e de assimilação das energias alheias, dispõe a alma, em si, da alavanca da vontade por ela vagarosamente construída em milênios e milênios de trabalho automatizante. Em seu estado primário, a vontade manifesta-se em forma de necessidades naturais, presa ainda ao instinto de conservação. É assim que o homem, de início, limita a sua vontade a uma simples "tendência". Ele mesmo repele as vibrações que podem levá-lo a burilar-se para deter-se no reino afetivo das vibrações que o atraem, entretendo-se na egolatria. À medida que evolui o ser, a vontade prazerosa passa a ser superada pela vontade de autodomínio, manifestando-se assim a alegria do auto aperfeiçoamento. Em um grau mais adiantado, esse querer passa a ser gerado interiormente, por um impulso generoso, é quando realmente desejamos o bem do próximo. É assim que a força de nossas ações é impulsionada pelo desejo do bem, assim como a força de nosso pensamento e de nossas preces é gerada pela nossa vontade. A energia da corrente está na razão direta da energia do pensamento e da vontade. [46]

4.2. A Prece

É importante, pois, à medida que a oração se torna um hábito, nosso ser impregna-se pouco a pouco das qualidades de nosso pensamento. Por outro lado, a prece é a mais sublime forma

46 KARDEC, Allan Evangelho Segundo o Espiritismo cap XXVII - item 10 Coletâneas de Preces Espíritas.

de educação do espírito, em que o ser transcende a si mesmo no amor que gera suas palavras. Só o amor sincero é gerador de bons pensamentos. Da mesma forma, na meditação, o espírito volta-se para o lado solene das coisas, e a luz do mundo espiritual banha-o com suas ondas. O recolhimento é sempre fecundo no desenvolvimento do pensamento.

4.3. Sintonia com Espíritos Elevados

Arremessa a criatura, naturalmente, a própria onda mental, na direção de espíritos que penetraram mais amplos horizontes de evolução. Não basta crer e saber, é necessário fazer penetrar na vida diária os princípios superiores que adotamos. Daí a necessidade de comungar, pelo pensamento e pelo coração com espíritos eminentes, reveladores da Verdade, sentir-lhe a influência pela percepção íntima.

CAPÍTULO X - A PRECE

1. DEFINIÇÃO

A prece é o mais elevado meio de indução e comunhão com as forças vivificantes da criação. Criar é dinamizar os anseios sublimes que estão latentes na intimidade do espírito. A oração consiste em uma emissão de força, que se caracteriza por determinado potencial de frequência a gerar e assimilar ao mesmo tempo as fontes geradoras de vida.

LE, Q:658 A prece é agradável a Deus?

A prece é sempre agradável a Deus quando ditada pelo coração, porque a intenção é tudo para ele. A prece do coração é preferível à que podes ler, por mais bela que seja, se a leres mais com os lábios do que com o pensamento. A prece é agradável a Deus quando é proferida com fé, com fervor e sinceridade. Não creias, pois, que Deus seja tocado pelo homem vão, orgulhoso e egoísta, a menos que a sua prece represente um ato de sincero arrependimento e de verdadeira humildade.

LE Q: 9 Qual o caráter geral da prece?

A prece é um ato de adoração. Fazer preces a Deus é pensar

nele, aproximar-se dele, pôr-se em comunicação com ele. Pela prece podemos fazer três coisas: louvar, pedir e agradecer.

LE Q.660 A prece torna o homem melhor?

Sim, porque aquele que faz preces com fervor e confiança se torna mais forte contra as tentações do mal, e Deus lhe envia bons espíritos para o assistir. É um socorro jamais recusado, quando o pedimos com sinceridade.

2. COMUNHÃO COM ESFERAS SUPERIORES

A prece torna o homem melhor? - Sim, porque aquele que faz preces com fervor e confiança se torna mais forte contra as tentações do mal e Deus lhe envia bons espíritos para o assistir. É um socorro jamais recusado, quando o pedimos com sinceridade.

LE, Q. 660 Qualquer que seja o grau cultural, a oração é o mais elevado meio de indução para comunhão com as Esferas Superiores. Colocamo-nos em correlação imediata com outras Inteligências por intermédio das cargas mentais que emitimos, ergue-se o pensamento aos planos sublimados, de onde pode-se recolher as ideias regeneradoras dos espíritos benevolentes que nos rodeiam.

3. EQUILÍBRIO DO CORPO E DO ESPÍRITO

"A oração não suprime, de imediato, os quadros de provação, mas renova-nos o espírito, a fim de que venhamos a sublimá-los ou removê-los." [47]

Exteriorizando a essência divina, a consciência elevada impregna todo o seu ser pela qualidade do pensamento emitido,

47 XAVIER Francisco C. Emmanuel - Religião dos Espíritos.

corrigindo o magnetismo torturado da criatura recompondo-lhe as faculdades profundas. Na ligação íntima com Deus, consciência reorganiza a harmonia "cosmo-psíquica" abrandando, assim, as manifestações instintivas e dissipando os pensamentos opressivos. O espírito retempera suas forças e encoraja-se para enfrentar com mais otimismo as vicissitudes na existência terrena. Ao elevar sua frequência vibratória, o espírito higieniza a mente e libera maior cota de luz interior.

4. EFICÁCIA DA PRECE

A energia da corrente está na razão direta da energia do pensamento e da vontade. A prece só tem valor quando a ação magnética é gerada pelo próprio pensamento. Por isso que preces místicas ou decoradas não surtem efeito. É necessário que cada palavra, cada frase, construa uma corrente mental dinamizada pelo amor, caso contrário serão meras palavras. Por isso, nada adianta pedir, se não estivermos motivados pelo amor nesse momento.

Semelhante atitude da alma, porém, não deve em tempo algum, resumir-se a simplesmente pedir algo ao Supremo Divino, mas pedir, acima de tudo, a compreensão quanto ao plano da Sabedoria Infinita.[48]

A prece é o solilóquio de uma alma exultante. A lamentação e o descontentamento impedem uma ligação efetiva com Deus. Importa, pois, saber ajudar-se a si próprio, liberar a essência amorosa que nos caracteriza, só então a prece será efetiva, pois partirá do interior para o objetivo a ser alcançado, e não pedidos dispersivos de fora para dentro. Orar é entrar em comunicação com

48XAVIER,Francisco C. André Luiz Mecanismos da Mediunidade.

o oceano interior, e não pronunciar algo exterior a si.

CAPÍTULO XII - CONCLUSÃO

A reforma íntima!

Quanto puderes, posterga a prática do mal até o momento que possas vencer essa força doentia que te empurra para o abismo.

Provocado pela perversidade, que campeia a solta, age em silêncio, mediante a oração que te resguarda na tranquilidade.

Espicaçado pelos desejos inferiores, que grassam, estimulados pela onda crescente do erotismo e da vulgaridade, gasta as tuas energias excedentes na atividade fraternal.

Empurrado para o campeonato da competição, na área da violência, estuga o passo e reflexiona, assumindo a postura da resistência passiva.

Desconsiderado nos anseios nobres do teu sentimento, cultiva a paciência e aguarda a bênção do tempo que tudo vence.

Acoimado pela injustiça ou sitiado pela calúnia, prossegue no compromisso abraçado, sem desânimo, confiando no valor do bem.

Aturdido pela compulsão do desforço cruel, considera o teu agressor como infeliz amigo que se compraz na perturbação.

Desestimulado no lar, e sensibilizado por outros afetos, renova a paisagem familiar e tenta salvar a construção moral doméstica abalada.

É muito fácil desistir do esforço nobre, comprazer-se por um momento, tornar-se igual aos demais, nas suas manifestações inferiores. Todavia, os estímulos e gozos de hoje, no campo das paixões desgovernadas, caracterizam-se pelo sabor dos temperos que se convertem em ácido e fel, a requeimarem por dentro, passados os primeiros momentos.

Ninguém foge aos desafios da vida, que são técnicas de avaliação moral para os candidatos à felicidade.

O homem revela sabedoria e prudência, no momento do exame, quando está convidado à demonstração das conquistas realizadas.

Parentes difíceis, amigos ingratos, companheiros inescrupulosos, co-idealistas insensíveis, conhecidos descuidados, não são acontecimentos fortuitos, no teu episódio reencarnacionista.

Cada um se movimenta, no mundo, no campo onde as possibilidades melhores estão colocadas para o seu crescimento. Nem sempre se recebe o que se merece. Antes, são propiciados os recursos para mais amplas e graves conquistas, que darão resultados mais valiosos.

Assim, aprende a controlar as tuas más inclinações e adia o teu momento infeliz.

Lograrás vencer a violência interior que te propele para o mal, se perseverares na luta.

Sempre que surja oportunidade, faze o bem, por mais

insignificante que te pareça. Gera o momento de ser útil e aproveita-o.

Não aguardes pelas realizações retumbantes, nem te detenhas esperando as horas de glorificação.

Para quem está honestamente interessado na reforma íntima, cada instante lhe faculta conquistas que investe no futuro, lapidando-se e melhorando-se sem cansaço.

Toda ascensão exige esforço, adaptação e sacrifício.

Toda queda resulta em prejuízo, desencanto e recomeço.

Trabalha-te interiormente, vencendo limite e obstáculo, não considerando os terrenos vencidos, porém, fitando as paisagens ainda a percorrer.

A tua reforma íntima te concederá a paz por que anelas e a felicidade que desejas.

Joanna de Ângelis

Psicografia de Divaldo Franco. Livro: Vigilância

BIBLIOGRAFIA

A Bíblia De Jerusalém. S. Paulo, Brasil: Edições Paulinas, 1981. Print.

Associação Americana de Psiquiatria, 1973. Periódico

Associação Brasileira de Psiquiatria, 1985. Periódico

BARCELOS, Walter. Sexo e Evolução: Brasília FEB.2011 Print

FRANCO, Divaldo Pereira/ Saegusa, Claudia (organizadora). Divaldo Franco Responde, vol 2. São Paulo: 2013. Print.

FRANCO Divaldo Pereira. Joanna de Angelis -Vigilância. Salvador. Leal. 2005. Print.

FRANCO, Divaldo Pereira. Joanna de Angelis - O ser consciente e Vida. Salvador. Leal, 1993. Print.

FRANCO, Divaldo Pereira Joanna de Angelis -vigilância. Salvador- Leal, 1987

KARDEC, Allan. O Evangelho Segundo O Espiritismo. São Paulo: Petit, 1997. Print.

KARDEC, Allan. O Livro Dos Espíritos. São Paulo: Instituto De Difusão Espírita, 1993. Print.

NETO, Francisco do Espirito S. Hammed As dores da alma. Catanduva: Boa Nova, 2000.Print Pastorino, Carlos J. Torres. Sabedoria do Evangelho, vol 2. Rio de Janeiro. Sabedoria, 1964. Print

SCHUTEL, Cairbar. Fundamentos da Reforma Íntima. Matão: O Clarim, 2008. Print.

XAVIER, Francisco Cândido. Emmanuel O Consolador. Rio de Janeiro: FEB, 1941. Print.

XAVIER Francisco Cândido. André Luiz Pensamento e vida Brasília: FEB, 1991.Print

XAVIER, Francisco Cândido. André Luiz Mecanismo da Mediunidade. Rio de Janeiro 1960. Point

XAVIER,. Francisco Consciência . e sexo. Brasília. FEB. 1970. Print.

XAVIER, Francisco C. Cartas e Crônicas. Uberaba. FEB, 1996. Print.

© PORTAL MÉDICO 2010 - o site do Conselho Federal de Medicina -Todos os direitos reservados

23310711R00076

Made in the USA
Columbia, SC
09 August 2018